Albert Duncker

Die Brüder Grimm

Albert Duncker

Die Brüder Grimm

ISBN/EAN: 9783743307865

Hergestellt in Europa, USA, Kanada, Australien, Japan

Cover: Foto ©ninafisch / pixelio.de

Manufactured and distributed by brebook publishing software (www.brebook.com)

Albert Duncker

Die Brüder Grimm

Die Brüder Grimm.

Von

Albert Duncker.

Mit einem Holzschnitte.

Kassel.
Verlag von Ernst Hühn.
1884.

Der Bürgerschaft

meiner lieben Vaterstadt Hanau

gewidmet.

Vorwort.

Das baldige Herannahen des hundertsten Geburts=
tags Jacob Grimms veranlaßte mich zu einigen im An=
fange dieses Jahres zu Kassel gehaltenen Vorträgen über
das Leben und Wirken der Brüder Grimm. Sie dienten
zugleich dem Zwecke, Mittel zu beschaffen zur Aufrichtung
der Marmorbüsten der Brüder in der Landesbibliothek zu
Kassel, an der Jacob und Wilhelm so viele Jahre thätig
gewesen sind. Der freundlichen Unterstützung meiner Kasseler
Mitbürger und Mitbürgerinnen habe ich es zu danken, daß
diese Absicht erreicht wurde.

Die Vorträge erschienen dann mit wenigen Abände=
rungen und Zusätzen in der Münchener „Allgemeinen
Zeitung" *) und gelangen jetzt auf mehrfach geäußerten
Wunsch nach der mit liebenswürdiger Bereitwilligkeit er=
theilten Genehmigung des Herrn Verlegers der „Allgemeinen
Zeitung" auch in Buchform an die Oeffentlichkeit.

*) Jahrgang 1884, Beilage Nr. 61, 62, 66, 67, 69, 72, 74, 78.

Erweiterung hat hier besonders der Abschnitt über die Beziehungen der Grimms zu Hanau erfahren. Er darf wohl auch schon deshalb Aufmerksamkeit beanspruchen, weil die Bürgerschaft Hanau's eben mit opferfreudiger Begeisterung vorangeht, wo es gilt, zwei der edelsten Männer unseres Volkes durch ein nationales Denkmal in ihrer Vaterstadt zu ehren.

Es ist leicht begreiflich, daß die Stadt, in welcher die Vorträge gehalten wurden, eine stärkere Betonung der Stellung Jacob und Wilhelm Grimms zu ihrem hessischen Heimathlande bedingte als es außerhalb Hessens der Fall gewesen sein würde.

Für den der Schrift voranstehenden Holzschnitt kann ich vielleicht auch außerhalb Kassels einiges Interesse voraussetzen. Er zeigt in seiner Mitte das im Texte S. 53 erwähnte Eckhaus in der Marktgasse zu Kassel, in dessen zweitem Stockwerke die Grimmsche Familie von 1805 bis 1814 wohnte, in dem die Mutter der Geschwister 1808 starb und außer allen übrigen Erstlingsarbeiten der Brüder auch ihre herrlichen Märchen entstanden. Herr Reinhard Hochapfel hierselbst war so liebenswürdig, auf meine Bitte die wohlgelungene Zeichnung zu entwerfen, wofür ich ihm auch an dieser Stelle den verbindlichsten Dank ausspreche. Das von Herrn Adam Rosenzweig hier mit bekannter Sorgfalt in Holz geschnittene Blatt gibt zugleich ein charakteristisches Straßenbild aus dem alten Kassel wieder, das an malerischen Bauten noch so reich ist. Das zweite Gebäude auf der linken Seite des Bildes, vom Wohnhaus der Grimms aus gerechnet, ist die vormals im Wild'schen Besitze befindliche „Sonnen-Apotheke", aus der Wilhelm Grimm die treue Lebensgefährtin heimführte, welche sein Familienglück begründete.

Dem Kenner habe ich nicht zu sagen, daß die Arbeit sich im Wesentlichen auf gedruckte Quellen stützt. Insbesondere konnten die verschiedenen im letzten Jahrzehnt erschienenen Briefwechsel der Brüder herangezogen werden. Ich weiß wohl, daß die Schätze, welche sie auch in dieser Beziehung unserer Nation hinterlassen haben, noch lange nicht alle gehoben sind und neue Veröffentlichungen dazu dienen werden, das hier entworfene Bild zu vervollständigen und zu verbessern.

Meine Schilderung erhebt eben so wenig den Anspruch, vieles Neue und Unbekannte zu bringen als sie eine auch nur annähernde Vollständigkeit in der Uebersicht und Würdigung der wissenschaftlichen Leistungen der Grimms beabsichtigt.

Möchte sie freundlich aufgenommen und als das angesehen werden, was sie sein will, als eine für weitere Kreise bestimmte Darstellung. Ihr liegt, wie alsbald zu erkennen ist, der gutgemeinte Gedanke zu Grunde, durch Erneuerung des Andenkens an die unsterblichen Verdienste des edlen Brüderpaares um unser Volksthum deutsche

Herzen zu erwärmen für die würdige Vollendung des Werkes, welches jetzt vaterländisch gesinnte Männer in Hanau begonnen haben.

Kassel, 16. Mai 1884.

Albert Duncker.

Schon umwallte statt der braunen Locken weißes Haar das Haupt Jacob Grimms, als er kurz vor den sturmbewegten Märztagen des Jahres 1848 seine „Geschichte der deutschen Sprache" vollendete. Er stand damals auf der Höhe seines Ruhmes und konnte aus der sorgenfreien Stellung, die ihm und seinem Bruder der edle Sinn König Friedrich Wilhelms IV. in Berlin bereitet hatte, mit der Ruhe eines wahrhaften Weisen auf das hinter ihm liegende Leben zurückschauen. Was er und Wilhelm geschaffen und gewirkt hatten, kam dem gesammten Vaterlande, kam der Entwicklung des germanischen Geistes zu gute. In allen Gauen unseres Volkes blickte man mit Verehrung und Liebe zu dem herrlichen Brüderpaare empor. Den Platz unter den Deutschesten der Deutschen machte ihnen Niemand streitig.

Aber bei dem Gefühl der freudigen Hingabe für das Gesammtvaterland, bei dem Bewußtsein, das Seelenleben unseres Volkes zu verstehen, wie nur wenige, haben Jacob und Wilhelm Grimm allezeit die wärmste, liebevollste Empfindung für den deutschen Volksstamm bewahrt, dem sie entsprossen waren. Ihr Leben und ihr Entwicklungsgang liefern den vollgültigen Beweis für die Wahrheit des Satzes, daß die Anhänglichkeit an die engere Heimath eine der sichersten Grundlagen für die Vaterlandsliebe überhaupt ist, daß die Bewahrung der altererbten Eigenart der einzelnen Glieder unserer Nation kein Hinderniß der Einheit, wie nur Kurzsichtige zu glauben vermögen, sondern im Gegentheil einen mächtigen Hebel zu ihrer Verwirk= lichung bildet.

Diesen Gesichtspunkt darf man nie aus dem Auge lassen, wenn es sich darum handelt, die nationale Be= deutung der Brüder Grimm zu würdigen. Darum hat es auch seine volle Berechtigung, wenn derjenige, welcher eine Schilderung ihres Lebens und Wirkens versucht, von der Zeit ausgeht, wo auf hessischem Boden die Brüder das Licht der Welt erblickten. Es mag dem Hessen auch das Beispiel Jacob Grimms zur Entschuldigung dienen, der in seiner „Geschichte der deutschen Sprache", sobald er auf seinen Stamm zu reden kommt, also beginnt: „Daß ich von den Hessen ausführlicher handle als dieses Buches ganzer Anlage gemäß erscheint, wird keinen, der mich kennt, verwundern, da ich an meiner Heimath, in der meines Bleibens nicht war, immer lebhaft hing und noch hänge."

Die Familie Grimm ist eine althanauische. Sie läßt sich in Hanau an der Hand der Kirchenbücher durch sechs Generationen hin vor der Geburt des berühmten Brüderpaares verfolgen*). Um 1654 war Johannes Grimm Bürger und Gasthalter in der Hanauer Altstadt. Sein Urenkel Friedrich Grimm scheint der erste Sproß der Familie gewesen zu sein, der sich seine Bildung auf der Universität erwarb. Er widmete sich dem geistlichen Stande, wurde erster Prediger, Inspector und Consistorial= rath der reformirten Gemeinde seiner Vaterstadt, wo er auch

---

*) Nach der Angabe B. Denharb's, Die Gebrüder Grimm. Ein Vortrag. Hanau 1860. S. 5 f.

1748 starb*). Wie ein altes im Familienbesitze befindliches Oelbild zeigt, besaß er mit seinem Urenkel Jacob Grimm große Aehnlichkeit. Ein Sohn des Consistorialraths Friedrich Grimm, ebenfalls Friedrich genannt, wurde 1730 Pfarrer zu Steinau an der Straße im Kinzigthale und bekleidete diese Stelle bis zu seinem 1777 erfolgenden Tode. Das jüngste unter den zehn Kindern dieses Pfarrers, von welchen ihn nur drei überlebten, war Philipp Wilhelm Grimm, der Vater Jacobs und Wilhelms. 1751 zu Steinau geboren, studirte er nach einer dort und in Hanau empfangenen Vorbildung auf den Universitäten Marburg und Herborn die Rechtswissenschaft, ließ sich dann in Hanau als Advokat nieder und bekleidete später dort das Amt eines Stadt=secretärs, oder wie es damals hieß, hochfürstlich hessen=hanauischen Stadtschreibers. 1783 verheirathete er sich mit Dorothea Zimmer, der jüngsten Tochter des hessen=hanauischen Kanzleiraths Johann Hermann Zimmer. Des Großvaters und der Großmutter Zimmer erinnerten sich die Brüder Grimm noch recht wohl**). Der Großvater

---

*) Eine Zusammenstellung der Familiennachrichten über die Grimmschen Vorfahren, ihre schriftstellerischen Leistungen u. s. w. findet sich bei Strieder, Grundlage zu einer hess. Gelehrten= und Schriftsteller=Geschichte V, 117—122 und XV, 340—341.

**) Die darauf bezüglichen Angaben finden sich in den vor=trefflichen Selbstbiographien der Brüder, welche bis 1830 reichen. Sie erschienen zuerst in der von Justi besorgten Fortsetzung der Strieder'schen hessischen Gelehrtengeschichte. Marburg 1831. S. 148—183 und sind in neuerer Zeit in J. Grimms „Kleinere Schriften" I, 1—20 und W. Grimms „Kleinere Schriften" I, 3—26 aufgenommen. Außer=dem steht die Selbstbiographie Jacobs auch in der „Auswahl" aus dessen kleineren Schriften. Zweite Ausgabe. Berlin 1875. S. 1—25. — Wenn im Texte Mittheilungen der Brüder über ihren Lebens=gang bis zur Uebersiedelung nach Göttingen ohne nähere Angabe der Quelle erwähnt werden, so stammen sie aus den Selbstbiogra=

war 1711 geboren, demnach schon hochbejahrt, als sie noch kleine Kinder waren, lebte damals längst im Ruhestande zu Hanau und starb beinahe 90jährig im Jahre 1800. Er war früher lange in der nächsten Umgebung des Landgrafen Wilhelm VIII. von Hessen, eines ausgezeichneten Fürsten, gewesen und hatte mit diesem die Leiden einer mehrmaligen Verbannung durchgemacht. Denn der alte Landgraf mußte während des siebenjährigen Krieges wiederholt vor der Uebermacht der Franzosen aus Hessen flüchten, weil er das von Frankreich ihm angebotene Bündniß entschieden zurückgewiesen und an der Allianz mit England und Friedrich dem Großen unerschütterlich festgehalten hatte. Wie Wilhelm Grimm andeutet, war von der Ruhe, Freundlichkeit und Milde, wegen deren Wilhelm VIII. bei seinen Zeitgenossen bekannt und hochgeschätzt war, gleichsam etwas auf seinen treuen Diener, den Kanzleirath Zimmer, übergegangen. Des Großvaters und der Großmutter liebreiches Wesen gegen die Enkel können diese nicht genug rühmen.

Aus der Ehe des Stadtschreibers Philipp Wilhelm Grimm mit Dorothea Zimmer gingen neun Kinder, acht Söhne und eine Tochter, hervor. Jacob und Wilhelm waren das zweite und dritte der Kinder. Ein älteres Brüderchen starb schon nach wenigen Monaten, ebenso nachher zwei jüngere Geschwister.

Am 4. Januar 1785 erblickte Jacob Grimm, wenig mehr als ein Jahr später am 24. Februar 1786 Wilhelm Grimm das Licht der Welt. Ihre Eltern wohnten damals in dem zu jener Zeit der Familie Rößler gehörigen

---

phien. Die erwähnte Auswahl aus Jacob Grimms kleineren Schriften ist in den Anmerkungen stets kurzweg nur mit „Auswahl" bezeichnet.

Hause *) am Paradeplatze zu Hanau, worin sich jetzt das Königliche Landrathsamt befindet. Pietätsvoll hat man vor vierzehn Jahren das Haus mit den durch A. von Nordheim angefertigten Bronzereliefs der Brüder und einer auf einer Marmortafel angebrachten Inschrift geschmückt. Bald nach der Geburt der beiden Knaben bezog die Familie Grimm eine andere Wohnung. Diese befand sich in der Langgasse neben dem Hintergebäude des Neustädter Rathhauses, in dem Hause, das jetzt Herrn Rechtsanwalt Bauscher gehört **). Die Erinnerung an diese zweite Wohnung blieb bei den Brüdern, die aus Hanau fortzogen, als Jacob sechs, Wilhelm fünf Jahre alt war, begreiflicher Weise fester haften als die an ihr Geburtshaus. So war es möglich, daß in späterer Zeit, als Jacob Grimm in den Tagen seines Alters von Hanau aus nach seinem Geburtshause gefragt wurde, er einen Augenblick zweifelhaft sein konnte, ob das Haus in der Langgasse oder das am Paradeplatze dasjenige gewesen sei, in dem er und Wilhelm geboren wurden. Der Zweifel klärte sich indessen bald auf und jetzt steht es auch aus dem Briefwechsel der Brüder aus der Jugendzeit, der vor drei Jahren herausgegeben worden ist, unbedingt fest, daß das Haus am Paradeplatze ihr Geburtshaus war.

Als im October 1815 Wilhelm Grimm auf einer von Kassel aus unternommenen Rheinreise auch die Vaterstadt besucht hatte, schrieb er nach einer Schilderung seines Aufenthalts in Heidelberg und Frankfurt darüber an seinen Bruder Jacob ***): „Darauf ging ich noch einen Tag nach

---

*) Heutzutage mit Paradeplatz Nr. 1 bezeichnet.
**) Nach jetziger Straßenbezeichnung Langgasse Nr. 41.
***) „Briefwechsel von J. und W. Grimm aus der Jugendzeit." Herausgegeben von H. Grimm und G. Hinrichs. Weimar 1881. S. 476.

Hanau, wo ich den Johannes Schulze*) besuchte, den Görres jetzt nach Coblenz berufen hat, er war ganz über die Maßen freundschaftlich. Denk', ich bin gerade bei ihm zuerst in das Zimmer gekommen, wo ich getauft wurde, welches nämlich hernach durch die Bratfisch**) herauskam und habe in des seligen Vaters Arbeitsstube gesessen." Nun ist es in Hanau jetzt noch wohlbekannt, daß der Oberschulrath und Director des Hanauer Gymnasiums Dr. Johannes Schulze, der 1816 einem Rufe als Consistorial- und Schulrath nach Coblenz folgte, während der letzten Jahre seines Hanauer Aufenthalts im Gebäude des heutigen Landrathsamts gewohnt hat.

Derselbe Brief Wilhelm Grimms belehrt uns aber auch mit Gewißheit über die Lage der zweiten Wohnung. Denn er fährt fort: „Wie hat mich so manches in Hanau gerührt! Mein erster Ausgang war Morgens in die Stadt; unser Haus in der Langen Gasse stand gerade auf, ich sah die Treppe, auf der ich einmal herabgerollt bin und das Sandhäuschen darunter, wo wir eingesperrt wurden. Dann ging ich in den Rathhaushof, da sah ich hinten die Fenster und erinnerte mich aller Stuben, unserer Schlafkammer, selbst wo das Bett gestanden. Angestrichen war noch alles, wie sonst; am Ende der Straße ein rothes Haus, wo ich sonst die Soldaten mit den blitzenden Flinten hatte vorbeiziehen sehen. In der Tante ihrem Haus wohnten viele Handwerksleute. Hinter dem Fenster, wo der Großvater gesessen, guckte eine junge Frau."

---

*) Ueber ihn und seine Wirksamkeit in Hanau vergl. meine Schrift: „Friedrich Rückert als Professor am Gymnasium zu Hanau und sein Director Johannes Schulze", zweite Auflage. Wiesbaden 1880.

**) Die Bratfisch war eine Verwandte der Grimms in Bruchköbel bei Hanau, die Wilhelm damals auch besuchte.

Wiederholt tauchte auch späterhin die Erinnerung an die in Hanau verlebte Kinderzeit in den Brüdern auf. „Lebhaft steht mir noch in Gedanken, schreibt Wilhelm in seiner Selbstbiographie, wie wir beide, Jacob und ich, Hand in Hand über den Markt der Neustadt zu einem französischen Sprachlehrer gingen, der neben der Kirche wohnte und in kindischer Freude stehen blieben, um dem goldenen Hahn auf der Spitze des Thurmes zuzusehen, der sich im Winde hin und her drehte."

Nächst den Eltern und Großeltern ließ sich besonders die vorher in dem Briefe Wilhelms genannte Tante, die älteste Schwester des Vaters der Brüder, die Erziehung der Knaben angelegen sein. Sie war mit dem Kammerschreiber Schlemmer verheirathet gewesen, früh verwittwet und kinder= los. Wilhelm Grimm schildert sie als eine ernste wohl= meinende Frau, die Jacob und ihm den ersten Unterricht gab. Sie hatte eine Vorliebe für Jacob, ohne darum minder theilnehmend für seine übrigen Geschwister zu sein. Von Jacob erzählte die Mutter der Brüder gern, „er habe schon lesen können, bevor andere Kinder anfangen zu lernen und eine ganze Gesellschaft so sehr in Verwunderung ge= setzt, daß alle sich hätten überzeugen wollen, ob er wirklich aus einem Buche ablese." Die Tante Schlemmer zog später mit der Grimmschen Familie nach Steinau und überlebte dort ihren Bruder nicht lange.

1791 wurde der Stadtschreiber Grimm als Amtmann nach Steinau versetzt, das, wie schon erwähnt, sein Ge= burtsort war. Läßt sich also nicht behaupten, daß Hanau auf die geistige Ausbildung Jacobs und Wilhelms von irgendwie erheblichem Einflusse gewesen sei, so ergibt sich doch schon aus ihren oben angeführten Aeußerungen, denen sich noch viele ähnliche anreihen ließen, wie freundlich sie stets ihrer Vaterstadt gedachten. Denn sie wußten gar wohl zu schätzen, was der Mensch dem vaterländischen Boden, der Familie und den Eindrücken der Jugend verdankt.

Steinau, das alte kleine Städtchen mit seinem Schlosse, seinen Mauern und seinen Thürmen, machte ebenso wie die freundliche Umgebung, die Wiesen und Felder im Kinzigthale und die den Fluß zu beiden Seiten begleitenden waldbedeckten Berge auf das empfängliche Gemüth der Knaben einen bleibenden Eindruck. Die Liebe zur Natur, welche Jacob und Wilhelm Grimm in so hohem Grade innewohnte, fand dort reichliche Nahrung. Wir dürfen wohl glauben, auch wenn es uns nicht ihre Selbstbiographien andeuteten, daß ihre Fähigkeit, sich in das Leben in Wald und Flur zu versenken, ihre Begabung, des einfachen Landvolkes Denken und Fühlen zu erlauschen, sich in den zu Steinau verlebten Jahren so vollkommen entwickelte.

Jedenfalls brachten, aus ihren Bemerkungen zu schließen, die Stunden, in welchen sie dort unter Gottes freiem Himmel weilten, ihnen größeren Nutzen, als die in der Stadtschule des Präceptors Zinkhahn, die sie bis 1798 besuchten.

Weit mehr als der Schulunterricht, wirkte damals auf sie das Elternhaus. Der Vater „ein höchst arbeitsamer, ordentlicher, liebevoller Mann", so schildert ihn Jacob, die Mutter eine ausgezeichnete, zartfühlende Frau, die durch ihre Geistes- und Herzensbildung auf alle, die mit ihr in Berührung kamen, den wohlthuendsten Einfluß ausübte. So flossen für die Familie Grimm einige glückliche Jahre dahin.

Da traf sie ein ebenso unerwarteter als harter Schlag. Im rüstigsten Mannesalter, noch nicht 46 Jahre alt, wurde

1796 der Vater plötzlich von einer Krankheit dahingerafft. Zu der Trauer über den Verlust des geliebten Gatten kam für die Wittwe auch die Sorge für die Erziehung ihrer sechs unmündigen Kinder, von welchen das älteste, Jacob, eben erst 11 Jahre alt geworden war. Das vorhandene Vermögen war so mäßig, daß die Ausbildung der Söhne auf auswärtigen Lehranstalten davon nicht bestritten werden konnte. Nur durch die Unterstützung einer Schwester der Mutter, Henriette Philippine Zimmer, welche Kammerfrau bei der Landgräfin Karoline von Hessen, der Gemahlin des damals regierenden Landgrafen Wilhelms IX. war, wurde es möglich, daß Jacob und Wilhelm im Jahre 1798 nach Kassel kamen, um das Lyceum Fridericianum zu besuchen.

Auf das Lebhafteste prägte sich auch das Gedächtniß der Steinauer Knabenjahre den Herzen Jacobs und Wilhelms ein. Gar manchmal, wenn später einer der Brüder in jene Gegend kam, ward dem alten Städtchen ein Besuch abgestattet, dort mit lieben Bekannten aus der Kinderzeit geplaudert und durch den Besuch der Stätten, wo sie einst mit Vater und Mutter froh und glücklich gewesen waren, das Bild längst entschwundener Tage vor die Seele gerufen. So erzählt Wilhelm Grimm: „Im Herbst 1826 führten mich Geschäfte nach Steinau, wo ich in zwanzig Jahren nicht gewesen war. Der wohlbekannte viereckige Schloß=thurm, von welchem Sonntags, wenn wir nach der Kirche mit der Mutter in feierlicher Stille an dem Schloßgarten hergingen, die Posaunen einen Choral ertönen ließen, die Kirchen und andere höhere Gebäude zeigten sich an dem reinen Himmel aus der Ferne ganz wie sonst; in der Nähe war manches verändert, neue Häuser waren auf fruchtbare Gartenfelder gebaut, ein Paar Thürme über den Stadt=

thoren abgetragen. — — Wir fühlen es nicht immer, wie unaufhaltsam alles versinkt; aber ich kann mich der Bewegung nicht erwehren, wenn eine Erinnerung mich auf einen Augenblick in eine längst untergegangene Zeit, die anderen Schmerz und andere Freuden hatte, mitten hineinrückt." Wilhelm Grimm betritt nun die Kirche, worin sein Großvater so oft geprebigt hatte, und besucht dessen Grabstätte auf dem Friedhofe. Der Anblick des Grabsteins bewegt ihn zu den Worten: „Der Großvater ist 47 Jahre an demselben Orte Prediger gewesen. Wie beneidenswerth schien mir dieses Loos; ein segensvolles Amt, Liebe und Achtung der Gemeinde, Muße zur Betrachtung und zum Nachsinnen und ein lebendiges und freudiges Gefühl des Daseins."

Auch von der religiösen Erziehung, die den Geschwistern im Vaterhause zu Theil wurde, berichten uns die Brüder in ihrer treuherzigen Weise. „Wir Geschwister, so erzählt Jacob Grimm, wurden alle, ohne daß viel davon die Rede war, streng reformirt erzogen. Lutheraner, die in dem kleinen Landstädtchen mitten unter uns, obgleich in geringerer Zahl, wohnten, pflegte ich wie fremde Menschen, mit denen ich nicht recht vertraut umgehen durfte, anzusehen, und von Katholiken, die aus dem eine Stunde weit entlegenen Salmünster oft durchreisten, gemeinlich aber schon an ihrer bunteren Tracht zu erkennen waren, machte ich wohl mir scheue, seltsame Begriffe. Und noch jetzt ist es mir, als wenn ich nur in einer ganz einfachen, nach reformirter Weise eingerichteten Kirche recht von Grund anbächtig sein könnte; so fest hängt sich aller Glaube an die ersten Eindrücke der Kindheit; die Phantasie weiß aber auch leere, schmucklose Räume auszustatten und zu beleben, und größere Andacht ist nie in mir nie entzündet gewesen, als wie ich an meinem Confirmationstage nach zuerst empfangenem heiligem Abendmahl auch meine Mutter um den Altar der Kirche gehen sah, in welcher einst mein Großvater auf der Kanzel gestanden hatte."

Ebenso war es mit der Einpflanzung patriotischen Sinnes in die jugendlichen Herzen. „Liebe zum Vaterland", sagt Jacob Grimm, „war uns, ich weiß nicht wie tief eingeprägt; denn gesprochen wurde eben auch nicht davon, aber es war bei den Eltern nie etwas vor, aus dem eine andere Gesinnung hervorgeleuchtet hätte. Wir hielten unseren Fürsten für den besten, den es geben könnte, unser Land für das gesegnetste unter allen. Es fällt mir ein, daß mein vierter Bruder als Kind auf der hessischen Landkarte alle Städte größer und alle Flüsse dicker malte. Mit einer Art von Geringschätzung sahen wir z. B. auf Darmstädter herab."

So stand es mit der Erziehung und Denkweise der beiden Knaben, als sie im September 1798 zwei und ein halb Jahre nach dem Tode ihres Vaters auf das Lyceum Fridericianum zu Kassel geschickt wurden. Ihre Tante Zimmer gab sie dort der Familie des herrschaftlichen Mundkochs Vollbrecht in Pension. Das Lyceum, aus dem das jetzige Königliche Gymnasium hervorging, hatte damals sieben Classen, von welchen die vier oberen die eigentlichen Lycealclassen waren, bestimmt für solche Schüler, welche später die Universität besuchen wollten. Die drei unteren Classen machten nur diejenigen durch, welche einen Beruf zu ergreifen beabsichtigten, der keine gelehrten Kenntnisse erforderte.

Mit der Vorbereitung für das Lyceum muß es durch den Unterricht des Präceptors Zinkhahn in Steinau allerdings nicht sonderlich bestellt gewesen sein. Denn wie Jacob Grimm selbst erzählt, wurde er, obwohl schon im vierzehnten Lebensjahre befindlich, nur in die letzte der Lycealclassen, in Unterquarta aufgenommen. Die vier oberen Classen hatten je zwei Abtheilungen, deren jede einen anderthalb- bis zweijährigen Cursus besaß. Wilhelm mußte sich erst noch durch Privatunterricht für Unterquarta vorbereiten, in die er nach Ostern 1799 eintrat. Nach dem gewöhnlichen Gange hätten Beide demnach noch sieben bis acht Jahre auf dem Lyceum zu verbringen gehabt, bis sie das von diesem gesteckte Ziel erreicht hatten. Aber der andauernde Fleiß beider Knaben, verbunden mit ihrer hohen Begabung, bewirkte, daß sie schon in der Hälfte der genannten Zeit den Cursus absolvirten und für reif befunden wurden, die Universität zu beziehen.

Ueber die Lehrverfassung des Kasseler Lyceums und seine damaligen Lehrer giebt uns Jacob Grimm einige interessante Notizen. Er sagt unter anderem: „Ueberdenke ich meine Kasseler Schuljahre, von 1798 bis 1802, so erkenne ich zwar dankbar an, wie mancherlei ich in dieser Zeit gelernt habe, aber es kommt mir doch vor, als wenn das damalige Lyceum bei weitem nicht unter die vollkommensten Anstalten seiner Art gerechnet werden durfte." Die Verdienste und die herzliche Art des damaligen Rectors, des Professors Karl Ludwig Richter, weiß er zwar wohl zu würdigen. Ihn stellt er über alle anderen Lehrer; aber es schien ihm, daß die Last des Alters ihn bereits zu sehr geschwächt habe. Unter seinen Schulgefährten sind ihm Ernst Otto von der Malsburg und Paul Wigand besonders erinnerlich, von denen sich nachmals Malsburg [*]

---

[*] Ueber E. O. von der Malsburg s. Justi in der Fortsetzung der Strieder'schen hess. Gelehrtengeschichte S. 437 ff. — Eine Würdigung der wissenschaftlichen Verdienste Wigands s. u. A. in Brockhaus' Conversations-Lexicon 12. Aufl. Bd. XV, 512.

als Dichter und als Uebersetzer spanischer Dichter, des Calderon und Lope de Vega, Wigand als Geschichtsforscher bekannt machte. Doch mag auch damals in Kassel „viel Zeit mit Stunden über Anthropologie, Moral, Physik und Logik verthan worden und diese Zeit dem philologischen und historischen Unterricht (welcher nach J. Grimms Ansicht die Seele aller Jugenderziehung auf dem Gymnasium sein muß) abgebrochen worden sein", so dankte er doch dem wackeren Richter eine gründliche Unterweisung im Latein und der römischen Literatur. Weniger wurde im Griechischen geleistet; in der Geschichte beschränkte man sich meistens auf das Alterthum. Aber auch da begnügte man sich nicht mit einer objectiven Schilderung der historischen Thatsachen, sondern man gestaltete die Geschichte zu einer Art von populärer Philosophie um, die durch ihre Beispiele der Moral zu dienen hatte.

Rasch rückten die Brüder durch die Classen des Lyceums empor. Der Pagenhofmeister Dietmar Stöhr half anfangs durch Privatstunden im Latein und im Französischen nach. Neben sechs Stunden im Lyceum hatten sie unter seiner Aufsicht täglich noch vier bis fünf Stunden mit Arbeiten zuzubringen. Mit Recht konnte Jacob darüber sagen: „Im Ganzen hatte man uns doch zu viel aufgelastet; ein paar Freistunden hätten uns wohlgethan; wir hatten aber mit wenig Leuten Umgang und verwendeten beinahe alle Muße, die uns noch von der Schularbeit übrig blieb, auf Zeichnen, worin wir es auch ohne Lehrer ziemlich weit brachten. Ja, diese Fortschritte sind es, die hernach unseren jüngeren Bruder Ludwig Emil ansteckten, der sich seitdem sowohl durch radirte Blätter als durch Oelmalerei rühmlich hervorgethan hat."

Wilhelm Grimm hatte noch dazu in jüngeren Jahren mit einer schwachen Gesundheit zu kämpfen und litt sichtlich unter der Arbeitslast. Der Uebergang zu der sitzenden Lebensweise wirkte nachtheilig auf seine Athmungsorgane. Besonders Brustschmerzen waren es, über die er damals oft zu klagen hatte. „Der Weg nach dem Lyceum ward mir oft sehr sauer", so erzählt er, „wenn mir der kalte Wind, der über den Friedrichsplatz oft herzieht, entgegenblies." Aber der edle Ehrgeiz und das tiefeingewurzelte Pflichtgefühl, welche in beiden Brüdern lebten, überwanden schließlich alle Hindernisse. Jacob war, wie er erzählt, fast immer Primus in seinen Classen.

Im Frühjahre 1802 bezog er die Landesuniversität Marburg. Vor wenigen Jahren erst ist das Zeugniß bekannt geworden, das ihm sein Rector Richter am 13. März jenes Jahres mitgab *). Es zeigt, daß Richter seine Talente längst erkannt hatte und voraussah, daß man einst Großes von ihm erwarten dürfe. Das nach der Sitte der Zeit etwas phrasenreich gehaltene Zeugniß beginnt mit den Worten: „Das Lob herrlicher Geistesgaben und eines unaufhaltsamen Fleißes verdient der edle Jüngling Jacob Ludwig Karl Grimm." Dann heißt es weiter: „Er befleißigte sich so eifrig der schönen Künste und Wissenschaften nach dem Unterrichte, den er in diesem Lyceum empfing, daß er nicht nur seine natürlichen Geistesvorzüge und Talente bewies, sondern auch seinen Eifer und eine edle lobenswerthe Begierde ihn zu nähren und durch eigene Sorgfalt zu vervollkommnen und auszubilden zeigte." Weiterhin spricht Richter die Hoffnung aus, daß seinem früheren Schüler das Vorhaben, in seinen wichtigen Studien fortzuschreiten, „glücklich und zu seinem Ruhme gelingen werde." Der alte brave Rector schließt mit den Worten: „Möchte

---

*) Zeitschrift für deutsche Philologie, VI, 103.

er nur einst freudig erfahren, daß diese Hoffnung sicher und gewiß und nicht eitel gewesen sei. Dies ist mein Wunsch."

Professor Richter sah allerdings nichts mehr von den Erwartungen in Erfüllung gehen, die er mit vollem Rechte in seinen Schüler setzte. Wenige Wochen nach Ausstellung jenes Zeugnisses starb er. Wir aber wissen, daß sich sein Urtheil glänzend bestätigte.

Die Trennung von dem Bruder Wilhelm, mit dem Jacob stets in einer Stube gewohnt und in einem Bette geschlafen hatte, ging ihm sehr nahe. „Allein es galt", sagt er, „der geliebten Mutter, die damals noch in Steinau wohnte, deren Vermögen fast zusammengeschmolzen war, durch eine zeitige Beendigung meiner Studien und den Erfolg einer gewünschten Anstellung einen Theil ihrer Sorge abnehmen und einen kleinen Theil der großen Liebe, die sie uns mit der standhaftesten Selbstverleugnung bewies, ersetzen zu können."

Der siebzehnjährige Student widmete sich dem Studium der Jurisprudenz. Ueber diese Wahl schreibt er selbst achtundzwanzig Jahre nachher: „Jura studierte ich hauptsächlich, weil mein seliger Vater ein Jurist gewesen war und es die Mutter so am liebsten hatte; denn was verstehen Kinder oder Jünglinge zu der Zeit, wo sie solche Entschlüsse fest und entschieden fassen, von der wahren Bedeutung eines solchen Studiums?"

Später hatte Jacob Grimm, auf ein langes von Erfolg gekröntes Wirken zurückblickend, eine weit tiefere Auffassung von den Vortheilen gewonnen, die ihm das Studium des Rechts gebracht hatte. In einem von ihm 1852 niedergeschriebenen kurzen Lebensabriß sagt er [*]):

---

[*]) Zeitschrift für deutsche Philologie I, 490.

„Ich betrachte es als für mein Leben und meine Wirksamkeit entscheidend, daß die vom früh verstorbenen Vater selbst noch ausgegangene Vorausbestimmung zur Rechtswissenschaft mich abgehalten hat, mich der classischen Philologie, wozu wohl Trieb und Anlage in mir gewesen wäre, enger anzuschließen, an deren Platz nunmehr unvermerkt die Neigung festwurzeln konnte, vaterländischen Forschungen alle Kraft zu widmen." Wir müssen es vielmehr als eine besonders glückliche Fügung ansehen, daß Jacob Grimm sich zunächst einem Studium zuwandte, das ihn in Berührung mit unserem Volksleben, mit den Sitten, Anschauungen und Rechtsbegriffen unserer deutschen Vorzeit brachte, was die auf einsamer idealer Höhe einherschreitende Wissenschaft des classischen Alterthums nicht vermocht hätte. Wer weiß, ob es ihm jemals gelungen wäre, seine Forschungen über die Quellen unserer Sprache so epochemachend mit denen über die alten Rechtsquellen und Rechtsgebräuche unserer Nation zu verbinden, wenn er seine Neigung nur den Autoren Griechenlands und Roms gewidmet hätte! Von der Jurisprudenz schritt Jacob Grimm hinüber zur Sprachwissenschaft und zur Ergründung der Vergangenheit des deutschen Volkes. Die Rechtswissenschaft, von der er ausging, die Philologie und die Geschichte, sie alle drei haben das gleiche Recht und können den gleichen Stolz hegen, ihn den ihrigen nennen zu dürfen.

Nach einem Jahre folgte zu Ostern 1803 Wilhelm Grimm dem älteren Bruder auf die Universität Marburg nach. Auch er wandte sich, wie es scheint, aus denselben Gründen, wie jener, dem juristischen Studium zu. Kein Lehrer der Hochschule übte auf Beide einen so mächtigen und geradezu für ihre Zukunft bestimmenden Einfluß aus als Friedrich Karl von Savigny, der nur wenige

Jahre älter war als die Brüder und damals noch nicht den berühmten Namen in der Gelehrtenwelt trug, den er sich nachher als Begründer der historischen Schule der Rechtswissenschaft erwarb *). Savigny, durch ein beträchtliches Vermögen auch in glücklicher äußerer Lebenslage, zog die beiden ebenso bescheidenen als begabten Studenten in sein gastliches Haus. Er würdigte sie seines näheren Umgangs und gewann in einem Grade ihr Herz, daß sie mit rührender Treue an ihm ihr Leben lang hingen.

Wilhelm Grimm erzählt uns von diesem Verkehr: „Wir beide erhielten die Erlaubniß, Savigny zu besuchen und uns Raths bei ihm zu erholen; die Anregung, die nicht bloß von seinen Vorlesungen ausging, die Einsicht von dem Werthe geschichtlicher Betrachtung und einer richtigen Methode bei dem Studium war ein Gewinn, den ich nicht hoch genug anschlagen kann; ja, ich weiß nicht, ob ich sonst je auf einen ordentlichen Weg gekommen wäre. Für wie vieles Andere hat er uns den Sinn erschlossen und wie manches noch unbekannte Buch ward aus seiner Bibliothek nach Hause getragen! Die anmuthige Weise, mit welcher er wohl gelegentlich etwas vorlas, eine Stelle aus Wilhelm Meister, ein Lied von Goethe ist mir noch so lebhaft in Gedanken, als habe ich ihm erst gestern zugehört." Und Jacob Grimm entwirft von seinen damaligen Besuchen in Savigny's Hause ein Gemälde, so anmuthig, wie es auch nur seine Meisterhand zu vollenden vermag. Am 31. October 1850 widmete der 65jährige dem 71jährigen früheren preußischen Minister von Savigny seine linguistische

---

*) Ueber Savigny in Marburg ist insbesondere zu vergleichen L. Enneccerus, „F. K. v. Savigny und die Richtung der neueren Rechtswissenschaft." Marburg, 1879. S. 8 ff. und Anhang S. 55 ff.

Abhandlung „Das Wort des Besitzes" zu Savigny's fünfzigjährigem juristischem Doctor-Jubiläum *). Das Thema hatte er gewählt in Erinnerung an die juristische Monographie über das Recht des Besitzes, wodurch Savigny 47 Jahre vorher zuerst seinen Namen weithin bekannt gemacht hatte. In der Widmung dieser Schrift begegnen uns herrliche Bilder aus seinem damals fast halbhundertjährigen Freundschaftsbunde mit dem Gefeierten. Lassen wir Jacob Grimm selbst reden. Er schreibt **):

„Das erste Bild fällt in irgend einen Sommertag des Jahres 1803. Zu Marburg muß man seine Beine rühren und Treppe auf Treppe ab steigen. Aus einem kleinen Hause in der Barfüßerstraße führte mich durch ein schmales Gäßchen und den Wendelstieg eines alten Thurms der tägliche Weg auf den Kirchhof, von dem sich's über die Dächer und Blüthenbäume sehnsüchtig in die Weite schaut, da war gut auf und ab wandeln, dann stieg man an der Mauerwand wieder in eine höherliegende Gasse vorwärts zum Forsthof, wo Professor Weis noch weiter hinauf wohnte. Zwischen dessen Bereich und dem Hofthor unten, mitten an der Treppe, klebte wie ein Nest ein Nebenhaus, in dem Sie Ihr heiteres, sorgenfreies und der Wissenschaft gewidmetes Leben lebten. Ein Diener, Namens Bake, öffnete und man trat in ein nicht großes Zimmer, von dem eine Thüre in ein noch kleineres Gemach mit Sopha führte. Hell und sonnig waren die Räume, weiß getüncht die Wände, tännen die Dielen, die Fenster gaben ins Gießer Thal, auf Wiesen, Lahn und Gebirg duftige Aussicht, die sich zauber-

---

*) Auch in den „Kleineren Schriften", I, 113 ff. Die Widmung steht auch in der „Auswahl" S. 89 ff.
**) a. a. O. S. 115 ff.

hafter Wirkung näherte, in den Fensterecken hingen eingerahmt Kupferstiche von Wille und Bause, an denen ich mich nicht satt sehen konnte, so freute mich deren scharfe und zarte Sauberkeit. Doch noch viel größeren Reiz für mich hatten die im Zimmer aufstrebenden Schränke und in ihnen aufgestellten Bücher, deren ich bisher außer Schulbüchern und des Vaters Hinterlassenschaft nur wenige kannte. Man durfte auf die Leiter steigen und nähertreten. Da bekamen meine Augen zu schauen, was sie noch nie erblickt hatten. Ich entsinne mich, von der Thüre eintretend an der Wand zur rechten Hand ganz hinten fand sich auch ein Quartant, Bodmers Sammlung der Minnelieder, den ich ergriff und zum ersten Male aufschlug; da stand zu lesen: »her Jacob von Warte« und »her Kristan von Hamle« mit Gedichten in seltsamem, halb unverständlichem Deutsch. Das erfüllte mich mit eigener Ahnung, wer hätte mir damals gesagt, ich würde dies Buch vielleicht zwanzigmal von vornen bis hinten durchlesen und nimmer entbehren. — — Es blieb so fest in meinen Gedanken, daß ich ein paar Jahre hernach auf der Pariser Bibliothek nicht unterließ, die Handschrift zu fordern, aus welcher es geflossen ist, ihre anmuthigen Bilder zu betrachten und mir schon Stellen auszuschreiben. Solche Anblicke hielten die größte Lust in mir wach, unsere alten Dichter genau zu lesen und verstehen zu lernen."

Zu Marburg war es also, wo Jacob Grimm zuerst auf die damals noch ungehobenen Schätze der Poesie des deutschen Mittelalters aufmerksam wurde. Wie er uns in seiner Selbstbiographie mittheilt, war es die 1803 zu Berlin erschienene Sammlung der „Minnelieder aus dem schwäbischen Zeitpunkte", die Ludwig Tieck bearbeitet und herausgegeben hatte, deren Bekanntschaft entscheidenden Einfluß auf seine Neigungen ausübte. Die Tieck'sche Ausgabe ist heute längst überflügelt; die Art, wie er die Sprache der alten Dichter modernisirt, gilt auf dem jetzigen Standpunkte des Wissens von der mittelhochdeutschen Poesie geradezu für verwerflich. Aber die Vorrede Ludwig Tiecks ist fesselnd und auch jetzt noch lesenswerth. Es spiegelt sich darin der Geist wieder, welcher mit Liebe sich in die vergangenen Zeiten versetzt und aus den Dichtungen des eigenen Volkes ebenso wie aus denen anderer Völker ein lebensvolles Bild längstverklungener Tage hervorzaubert. Dieser große, ja man kann wohl sagen, der großartigste Zug der Romantik nahm auch alsbald die Seelen der Brüder Grimm gefangen. Von ihr gingen sie aus, zu ihrer Fahne standen sie in ihren Jugendjahren, aber frei von der Schwärmerei und nicht angekränkelt von den Geschmacksverirrungen, die so manchen Jüngern dieser Dichterschule anhafteten. Wie hatten sich schon um den Beginn unseres Jahrhunderts die Anschauungen über Poesie in den vorher von französischem Einfluß beherrschten gebildeten Kreisen Deutschlands verändert! Eine Schaar von jüngeren Talenten bestrebte sich, in die Fußtapfen der großen Meister zu Weimar zu treten. In der Beschäftigung mit der Poesie suchte man Trost und Beruhigung für die politische Ohnmacht des Vaterlandes. Edlere Geister erinnerten sich mit Vorliebe daran, wie auch in alten Zeiten Deutschland den Nachbarländern nicht nachgestanden habe in der Pflege der edlen Sangeskunst. Und wie schilderte Ludwig Tieck jene deutsche Poesie des Mittelalters und ihre Stoffe! „Der Frühling, die Schönheit, die Sehnsucht", so spricht er *), „waren die Gegenstände, welche nie ermüden konnten. Große Waffenthaten und Zweikämpfe mußten alle Hörer

---

*) Vorrede zu den „Minneliedern", S. X f.

hinreißen, um so unglaublicher und umständlicher sie geschildert waren, und wie die Pfeiler und die Wölbung der Kirche die Gemeine umfingen, so umgab die Religion, als das Höchste, die Dichtung und die Wirklichkeit, unter der sich alle Herzen in gleicher Liebe demüthigten. Die Dichtkunst war kein Kampf gegen etwas, kein Beweis, kein Streit für etwas, sie setzte in schöner Unschuld den Glauben an das voraus, was sie besingen wollte. Daher ihre ungesuchte einfältige Sprache in dieser Zeit, dieses reizende Tändeln, diese ewige Lust am Frühling, seinen Blumen und seinem Glanz, das Lob der schönen Frauen und die Klagen über ihre Härte oder die Freude über vergoltene Liebe. Kein Gedanke, kein Ausdruck ist gesucht, jedes Wort steht nur um sein selbst willen da, aus eigener Lust, und die höchste Künstlichkeit und Zier zeigt sich am liebsten als Unbefangenheit oder kindlicher Scherz mit den Tönen und Reimen."

Von solcher Art waren die Gedanken, welche in Jacob und Wilhelm Grimm die unwiderstehliche Sehnsucht entzündeten, diesen poetischen Schätzen nachzugehen und Verborgenes an das Licht zu ziehen. Groß war auch der Reiz, in die Sprache unserer Vorfahren einzudringen und ihren Bau zu verfolgen. Es zeigte sich da ein Feld der Wissenschaft, das noch so gut wie unbebaut war. "Was Bodmer früher angeregt hatte", sagt Wilhelm Grimm, "war längst erstorben; dieses Gebiet konnte für ein eben entdecktes gelten; auch schien sich, wo man den Blick hinwendete, dem Auge etwas Neues darzubieten." Je mehr die Brüder von der Bedeutung dieses Feldes überzeugt wurden, um so mehr wuchs in ihnen die Lust und die Kraft, hier schöpferisch zu wirken.

Im Sommer 1804 verließ ihr hochverehrter Lehrer Savigny Marburg und begab sich auf wissenschaftliche

Reisen, die ihn zuletzt nach Paris führten, wo er in den dortigen Bibliotheken Quellenstudien für seine „Geschichte des römischen Rechts im Mittelalter" machte. Erst zwölf Jahre später erschien der erste Band dieses Werkes, das Savigny's Ruhm begründete. Die Vorarbeiten dazu waren so umfassender Art, daß er in Paris einsah, er sei nicht im Stande, das gewaltige Material allein zu bewältigen und zwar um so weniger, als ihm bei seiner Einfahrt in die Stadt der Koffer, welcher alle seine handschriftlichen auf den verschiedenen Bibliotheken gemachten Aufzeichnungen enthielt, gestohlen worden war und trotz des Preises von 100 Louisd'or, den er darauf gesetzt hatte, sich nicht wiederfand *). Nun galt es mittelst seines enormen Gedächtnisses und der in Paris vorhandenen reichen Hülfsmittel das Verlorene zu ersetzen. Es war eine Aufgabe, die mehr als eines Mannes Geisteskraft, und wenn diese auch eine außerordentliche war, überstieg. In dieser Lage schweiften Savigny's Blicke zur Heimath nach einem Helfer und sie fielen in das bescheidene Studierstübchen Jacob Grimms in der Barfüßergasse zu Marburg. Bei ihm als einem der fähigsten und ihm persönlich liebsten seiner früheren Zuhörer ließ er im Januar 1805 anfragen, ob er nicht geneigt sei, nach Paris zu kommen und ihm zu helfen. Jacob Grimm sagt darüber: „Wiewohl ich in meinem letzten halben Jahr studierte und gedachte, auf Ostern oder im Sommer abzugehen, so war doch die Aussicht einer näheren Verbindung mit Savigny selbst und die Reise nach Frankreich reizend genug, daß ich mich gleich entschied und nichts Eilenderes zu thun hatte, als Briefe an Mutter und Tante abzusenden, die mir ihre Einwilligung erbitten sollten."

---

*) Brief Savigny's an Bang bei Enneccerus S. 56 f.

Die Einwilligung erfolgte sogleich und so reiste denn Jacob Ende Januar von Marburg ab und traf über Mainz, Metz und Chalons zu Anfang Februar in Paris ein. Wie schwer Wilhelm die Trennung von ihm wurde, geht aus ihrem Briefwechsel hervor. „Wie Du weggingst", schreibt er dem Bruder *), „da glaubte ich, es würde mein Herz zerreißen, ich konnte es nicht ausstehen. Gewiß, Du weißt nicht, wie lieb ich Dich habe. Wenn ich Abends allein war, meinte ich, müßtest Du aus jeder Ecke hervorkommen."

Jacob wohnte bei Savigny in der Wohnung, welche dieser für sich und seine Frau Kunigunde geborene Brentano aus Frankfurt a. M., eine Schwester des Dichters Clemens Brentano, in Paris gemiethet hatte. Ueber sein Verhältniß zu Savigny spricht er sich sehr befriedigt aus. Die ihm anfänglich zugetheilte Arbeit, Excerpte aus den gedruckten juristischen Glossatoren zu machen, findet er sehr leicht und freut sich darauf, daß es nun bald an das Studium von Handschriften auf der großen Pariser Bibliothek gehe. In Paris traf er auch seinen Schul- und Universitätsfreund Ernst Otto von der Malsburg, der dort seinem Oheim, dem kurhessischen Gesandten am Hofe Napoleons, attachirt war. Wie der Briefwechsel der Brüder zeigt, waren die Beziehungen zu ihm die alten freundschaftlichen geblieben. Sofort nach Jacobs Ankunft erfreute ihn Malsburg mit einem Büchergeschenk, einer Ausgabe französischer Tragiker**). Von seiner Beschäftigung entwirft Jacob später folgendes Bild***): „Alle Tage bin ich, außer Sonntag, von 10—2 auf der Bibliothek. Hier habe ich Manuscripte, besonders das Digestum, Codex Theodosianus, Decretum u. s. w. zu ver-

---

*) Briefwechsel aus der Jugendzeit. S. 6.
) a. a. O. S. 12. — *) a. a. O. S. 16 f.

gleichen, welches eine recht interessante Arbeit ist. — —
Zu Haus haben wir die übrige Zeit sehr viele Präparate zu
allen diesen Arbeiten machen müssen; sodann muß ich ein
wenig Diplomatik treiben u. s. w."

Deutlich geht auch aus den Briefen an Wilhelm die
Wirkung hervor, welche die in Paris aufgehäuften Schätze
der Kunst auf Jacobs Gemüth ausübten. Damals befanden
sich schon die herrlichsten Werke italienischer Meister und
eine Menge Antiken im Louvre, wohin sie Napoleon hatte
schleppen lassen. Jacob ahnte nicht, daß auch Kassel noch
nicht zwei Jahre später dem Sieger einen ähnlichen Tribut
werde liefern müssen. „Wenn ich jetzt wieder einmal in
den Louvre gehe", schreibt er an Wilhelm *), „so thue ich
nichts, als vor Rafael und Laokoon und Apoll zu stehn
und im Herzen niederzuknieen."

Wilhelm hält inzwischen den Bruder mit allen neuen
literarischen Erscheinungen und den Marburger Universitäts=
neuigkeiten auf dem Laufenden. Auch er hofft sehnlich,
daß Jacob den Pariser Aufenthalt zugleich für ihre gemein=
schaftlichen altdeutschen Studien nutzbar machen könne.
Eines Tages schreibt er ihm **): „Ich habe daran gedacht,
ob Du nicht in Paris einmal unter den Manuscripten
nach alten deutschen Gedichten und Poesieen suchen könntest,
vielleicht fändest Du etwas, das merkwürdig und unbekannt."

Um jene Zeit verkaufte die Mutter der Brüder, die
schon mehrere Jahre zu nicht geringer Besorgniß ihrer
Kinder kränkelte, ihr Häuschen in Steinau und zog nach
Kassel, wo sie an ihrer Schwester, Henriette Philippine
Zimmer, der Kammerfrau der Kurfürstin, eine treue Stütze

---

*) a. a. O. S. 19.
**) a. a. O. S. 30.

hatte. Im Juli 1805 setzt Jacob in einem Briefe an die Tante Zimmer dieser seine Zukunftspläne auseinander. „Meine inneren Neigungen", so schreibt er*), „d. h. die Studien, die ich mit Lust und Liebe ergreifen könnte, stehen mit meinen äußern Verbindungen, Familien- und anderen Verhältnissen in ziemlichem Widerspruch, meine Verwandten fesseln mich an mein Vaterland, ohne sie würde ich im Ausland nicht glücklich sein können. — — Ich wünsche, daß mir mein hiesiger Aufenthalt zu Empfehlungen gereichen möge, so daß ich bei der großen Menge von Candidaten doch noch eine Stelle erhalte. Meine Hauptabsicht ist es, der guten lieben Mutter und meinen Geschwistern nützlich zu sein und ich hoffe, daß Gott mir beistehen wird."

Ein anderer Brief aus jener Zeit gibt uns einen Einblick in die Beziehungen beider Brüder zu einander, der charakteristisch ist für ihr ganzes späteres Leben und uns die innige Bruderliebe erkennen läßt, die ihnen nicht weniger zum Ruhme gereicht als ihre wissenschaftlichen Leistungen. Jacob und Wilhelm hatten trotz ihrer geringen Mittel schon in Marburg begonnen, sich eine kleine Bibliothek anzulegen, für die sie unermüdlich und mit großem Verständniß sammelten. Fast jeder ihrer Briefe aus der Jugendzeit legt davon Zeugniß ab. Nun hatte Wilhelm eben Goethe's gerade erschienenes schönes Buch über Winckelmann, in dem eine Anzahl Briefe des großen Forschers abgedruckt sind, gekauft. Jacob knüpft an die Nachricht hiervon den Wunsch, daß es gelingen möchte, auch die übrigen Briefe Winckelmanns billig auf einer Auction zu erwerben. Dann sagt er**): „Ich denke, wenn wir auf diese Art fortfahren, so werden wir einmal hübsche Werke sammeln;

---
*) a. a. O. S. 57.
**) a. a. O. S. 59.

es versteht sich, daß wir in Zukunft etwas mehr dran wenden können, und immer zusammen vereinigt — denn, lieber Wilhelm, wir wollen uns einmal nie trennen, und gesetzt, man wollte einen anderswohin thun, so müßte der andere gleich aufsagen. Wir sind nun diese Gemeinschaft so gewohnt, daß mich schon das Vereinzeln zum Tode betrüben könnte." Eine seltene Gunst des Geschickes hat es nachher auch den Brüdern ermöglicht, stets zusammen zu bleiben.

Im September 1805 kehrte Jacob mit Savigny aus Paris zurück. Er holte Wilhelm aus Marburg ab und begrüßte mit ihm Mutter und Geschwister in ihrer neuen Heimath zu Kassel. Jacobs nun erfolgende Anstellung im kurhessischen Staatsdienste entsprach nicht ganz den gehegten Erwartungen. Im Januar 1806 empfing er die Stelle eines Accessisten beim Secretariat des Kriegscollegiums zu Kassel mit 100 Thaler Gehalt. Alles war übersetzt, so daß er froh sein mußte, überhaupt untergekommen zu sein und dadurch die Sorgen der Mutter etwas erleichtert zu haben.

„Die viele und geistlose Arbeit auf dem Kriegscollegium", so erzählt er, „wollte mir wenig schmecken, wenn ich sie mit der verglich, die ich ein Vierteljahr vorher zu Paris verrichtete und gegen die neumodische Pariser Kleidung mußte ich in steifer Uniform mit Puder und Zopf stecken. Dennoch war ich zufrieden und suchte alle meine Muße dem Studium der Literatur und Dichtkunst des Mittelalters zuzuwenden, wozu die Neigung auch in Paris durch Benützung und Ansicht einiger Handschriften, sowie durch den Ankauf seltener Bücher angefacht worden war."

Im Frühjahr 1806 bestand Wilhelm sein Examen zu Marburg und wartete nun in Kassel darauf, eine ähnliche Anfangsstelle zu erhalten, wie Jacob. Da brach der Krieg

zwischen Frankreich und Preußen aus, dem auch das Kur=
fürstenthum Hessen zum Opfer fiel.

Nachdem die Schlacht bei Jena Preußens Niederlage
entschieden hatte, rückte auf Befehl Napoleons Marschall
Mortier vom Main her mit einem französischen Corps in
Hessen ein, während des Kaisers Bruder, König Ludwig
von Holland, von Westphalen aus gegen Kassel vordrang.
Am 1. November 1806 zogen die Franzosen in Kassel ein.
Der Kurfürst, welcher bis zum letzten Augenblicke nicht
an ein feindliches Vorgehen gegen ihn hatte glauben wollen,
entfloh ins Ausland. „Jener Tag des Zusammenbruchs
aller bisherigen Verhältnisse wird mir immer vor Augen
stehen", so schreibt Wilhelm Grimm in seiner Selbstbio=
graphie. „Ich hatte am letzten October Abends die fran=
zösischen Wachtfeuer in der Ferne mit einiger Bangigkeit
gesehen, aber daß Hessen unter fremde Herrschaft gerathen
sollte, konnte ich nicht eher glauben, als bis ich am anderen
Morgen die französischen Regimenter bei dem alten Schlosse
in vollem militärischen Glanze einziehen sah." Und Jacob
Grimm sagt darüber noch vierundvierzig Jahre später im
Vorwort der schon erwähnten Schrift zu Savigny's fünfzig=
jährigem Doctorjubiläum: „Es waren meines Lebens här=
teste Tage, daß ich mit ansehen mußte, wie ein stolzer höh=
nischer Feind in mein Vaterland einzog und die muthigen
Hessen, die damals noch stark an ihrem Fürsten hingen,
das Gewehr, dessen rechter Gebrauch ihnen unvergönnt war,
nieder auf die Pflastersteine warfen."

Ueber die Begründung des neuen Königreichs West=
phalen unter Napoleons Bruder Jérôme und den Einfluß,
den die Umgestaltung aller staatlichen Verhältnisse auch
auf Beruf und Entwicklungsgang der Brüder ausübte, be=
lehrt uns Jacob mit folgenden Worten: „Damals weil

uns die Uebermacht erdrückte und selbst unseren hessischen Namen mit einem anderen zu vertauschen zwang, der uns gar nichts anging, wurde alles römische und deutsche Recht mit einem Streich aufgehoben und der Code Napoléon als Gesetz eingeführt. Wie hätte mir das die Rechtsstudien überhaupt nicht verleiden sollen? Ich tröstete und labte mich immer stärker am Alterthum unserer eblen Sprache und Dichtkunst, aus welchem auch Seitenpfade in das alt=heimische Recht einschlugen."

Ganz ebenso dachte Wilhelm. Es waren die Tage, wo das Berliner Publikum mit Begeisterung Schillers „Wilhelm Tell" über die Bühne gehen sah, das herrliche Drama, welches vom siegreichen Kampfe eines geknechteten Volkes gegen seine Unterdrücker in hoheitsvoller Sprache Kunde gibt; es war die Zeit, wo Heinrich von Kleist seine „Hermannsschlacht" dichtete, deren flammende Verse nur scheinbar gegen die Römer, in der That aber gegen die französischen Despoten geschleudert waren; es waren die Jahre, wo der edle Achim von Arnim, dem die Brüder Grimm bald näher treten sollten, mit unablässigem Eifer sammelte, was unser Volk in der Vorzeit Herrliches im Liede geschaffen hatte, um durch Erschließung dieser Schätze das gesunkene nationale Leben wieder zu erwecken.

Anfänglich zwar hatte Jacob Grimm gar wenig Zeit, über die Neugestaltung der Dinge nachzudenken. Das Kriegscollegium, dem er angehörte, wurde in eine für ganz Hessen bestimmte Truppenverpflegungscommission verwan=delt. Dem jungen Accessisten, der geläufiger französisch sprach als die meisten übrigen Beamten der Behörde, über=trug man einen großen Theil der lästigsten Geschäfte, ins=besondere das Parliren mit den französischen Commissären und Verwaltungsbeamten, die alsbald das Land über=

schwemmten. Ein halbes Jahr lang hatte er, wie er uns berichtet, bei den fortwährenden Durchmärschen französischer Regimenter weder am Tage noch am Abende Ruhe. Fest entschlossen, bei der bevorstehenden anderweiten Organisation der Behörden um keinen Preis in diesem aufreibenden und seinen Kenntnissen und Neigungen so wenig entsprechenden Berufe zu verharren, nahm er um die Mitte des Jahres 1807 seine Entlassung und suchte in einer anderen Stellung unterzukommen.

Wohin waren nun die schönen, mit dem Pariser Aufenthalte bei Savigny eröffneten Aussichten verschwunden? Dieser Freund war weit entfernt. Er hatte seine großen wissenschaftlichen Reisen fortgesetzt und war dann 1808 einem Rufe an die bayerische Hochschule Landshut gefolgt. Die Stimmung Jacob Grimms, des treuen Sohnes und Bruders, vermag man wohl zu begreifen, wenn man seine Schilderung der nun folgenden trübsten Episode seines Daseins liest. „Nachdem das kummervolle Jahr 1807 vergangen war", so schreibt er, „und das neue mit stets getäuschten Aussichten begonnen war, hatte ich bald den tiefsten Schmerz zu empfinden, der mich in meinem ganzen Leben betroffen hat. Den 27. Mai 1808 starb, erst 52 Jahre alt, die beste Mutter, an der wir alle mit warmer Liebe hingen, und nicht einmal mit dem Trost, eines ihrer sechs Kinder, die traurig ihr Sterbebett umstanden, versorgt zu wissen. Hätte sie nur noch wenige Monate gelebt, wie innig würde sie sich meiner verbesserten Lage erfreut haben!"

An der nördlichen Seite des Kasseler alten Todtenhofes, fast unmittelbar an der durch denselben heute gebrochenen Straße, erhebt sich noch jetzt das einfache Grabdenkmal, welches die Kinder der verstorbenen Mutter errichten ließen. Es ist eine graue, aufrechtstehende, rechteckige Stein=

platte, auf der ein Kreuz eingemeißelt ist, zu dessen beiden Seiten sich ebenfalls eingehauene Epheuranken befinden. Unter dem Kreuze liest man: „Hier ruht in Gott unsere liebste Mutter Dorothea Grimm, geboren den 20. November 1755, gestorben den 27. Mai 1808. Von den sechs lebenden Kindern Jacob, Wilhelm, Karl, Ferdinand, Ludwig, Lotte Grimm." In unmittelbarer Nähe liegt Lotte Grimm begraben, die 1833 als Gemahlin des damaligen Ministers Hassenpflug starb.

„Wo die Noth am größten, ist Gottes Hülfe am nächsten!" Dieser alte fromme Spruch sollte sich auch im Schicksal der Grimm'schen Familie bewahrheiten. Die Hülfe kam von einem durch die Fülle seines Wissens damals berühmten deutschen Landsmanne, der um so sicherer erkannte, welchen Schatz von Kenntnissen Jacob Grimm besaß, als als er es selbst gewesen war, der mehr als zwanzig Jahre vorher während seines früheren Aufenthaltes in Kassel zuerst auf die mittelhochdeutschen Gedichte, insbesondere auf die Bedeutung des Nibelungenliedes für unsere Literatur hingewiesen hatte. Es war der bekannte Geschichtschreiber Johannes von Müller, seit 1808 Staatsrath und Generaldirector des öffentlichen Unterrichts im Königreich Westphalen. Er empfahl Jacob Grimm dem Cabinetssecretär Jérômes, Cousin de Marinville, als Bibliothekar der königlichen Cabinetsbibliothek zu Wilhelmshöhe oder, wie man es damals nannte, Napoleonshöhe. Jacob Grimm ist bescheiden genug, anzunehmen, daß es an geeigneten Mitbewerbern um die Stelle gefehlt habe. Mit derselben war ein Gehalt von 2000 Francs verbunden, der schon nach einigen Monaten auf 3000 erhöht wurde. Bei den äußerst mäßigen Ansprüchen, die Jacob Grimm an das Leben machte, war durch diese Besoldung nicht nur seine eigene Existenz gesichert, sondern er auch in der Lage, seine Geschwister kräftig zu unterstützen, was er getreulich that. Die Cabinetsbibliothek Jérôme's, hervorgegangen aus der früheren kurfürstlichen Hofbibliothek, befand sich in einigen Zimmern des Erdgeschosses des linken Schloßflügels zu Wilhelmshöhe, wo sie auch heute noch, jetzt Eigenthum des Kaisers, größtentheils untergebracht ist. Sämmtliche früher in ihr aufbewahrten Archivalien wurden vor einigen Jahren in das Staatsarchiv zu Marburg übergeführt. Der Dienst war ein sehr leichter, da Jérôme und sein Hof die Bibliothek nur selten benutzten. Selbst während der Bureaustunden konnte sich der Bibliothekar seinen wissenschaftlichen Studien widmen. Darin trat auch keine Aenderung ein, als 1809 Jérôme ihn auch noch zum Auditor im Staatsrath ernannte, wodurch sich Jacob Grimms Besoldung um weitere 1000 Francs steigerte. Der König, welcher nach Jacobs Zeugniß sich gegen ihn „immer freundlich und anständig" benahm, theilte ihm die Ernennung selbst mit. „Der Staatsrath machte mir", so erzählt Jacob, „außer daß ich in gestickter Prachtuniform den Sitzungen beiwohnen mußte, wenig zu schaffen, und bald merkte ich, daß, wenigstens wenn der König nicht persönlich den Vorsitz hatte, ich auch in den Sitzungen nicht immer zu erscheinen nöthig hatte. Von allen Gesellschaften wußte ich mich auszuschließen und lebte, wenn man hinzurechnet, daß der König oft monatelang abwesend war, dann das ungestörteste Leben. Meine freie Zeit verwandte ich fast unbekümmert auf das Studium der altdeutschen Poesie und Sprache."

In das Jahr 1807 fallen die ersten literarischen Veröffentlichungen Jacob und Wilhelm Grimms. Der letztere hatte sich um kein Staatsamt beworben, sondern verweilte bei den Geschwistern in Kassel. Die Arbeiten, meistens kleine Aufsätze oder Bemerkungen, erschienen im „Neuen literarischen Anzeiger", den Chr. von Aretin zu München herausgab. Schon ihre Titel zeigen den Kreis von Studien, in welchem sich die Brüder bewegten. Jacob schreibt z. B. über Meister= und Minnegesang, über das Nibelungenlied, von Uebereinstimmung der alten Sagen u. s. w. Wilhelm liefert Bemerkungen zu dem mittelhochdeutschen Epos Wilhelm von Oranse, einen Beitrag zu einem Verzeichniß der Dichter des Mittelalters und berichtet über einige unbekannte Ausgaben des Gesprächspiels von Salomo und Markolf. Im Jahre 1808 sehen wir beide an der Zeitschrift „Trösteinsamkeit" betheiligt, die Achim von Arnim zu Heidelberg erscheinen ließ. Dieses Blatt, auch „Zeitung für Einsiedler" genannt, hatte es sich zur Aufgabe gesetzt, wie es auch sein Titel aussprach, „alte und neue Sagen und Wahrsagungen, Geschichten und Gedichte" zu bringen. Wilhelm war dafür noch thätiger als Jacob. Er übersetzte eine Anzahl Heldenlieder aus dem Altdänischen, mit dem er sich damals eifrig beschäftigte. Auch die „Heidelberger Jahrbücher der Literatur" zählten in jener Zeit die Grimms mehrere Jahre lang zu ihren Mitarbeitern.

1809 wurde es nothwendig, daß Wilhelm Grimm einen längeren Aufenthalt in Halle nahm, um sich dem berühmten Arzte Reil anzuvertrauen. Die Kur war auch vom günstigsten Erfolge begleitet. Was der Aufenthalt zu Paris für Jacob gewesen war, das wurde diese Reise mit den Bekanntschaften, welche sich an sie knüpften, für Wilhelm. Er wohnte in Halle bei Henrich Steffens und empfing auch von der Familie des Kapellmeisters Reichardt, die ihn eigentlich zu der Reise bewogen, Beweise der herzlichsten Freundschaft. Aus seiner Selbstbiographie, noch mehr aber aus seinem Briefwechsel mit dem Bruder

tritt der belebende Einfluß, den dieser Verkehr auf ihn
ausübte, deutlich hervor. Am 31. Mai meldet Jacob ihm
den Tod des Staatsraths Johannes von Müller, der nach
kurzem Krankenlager zu Kassel gestorben war. Es ist be=
kannt, daß auf Müllers Andenken der Flecken der Charakter=
losigkeit haftet. Aus dem deutschen Patrioten hatte Napoleon
mit Leichtigkeit einen seiner Bewunderer und ein gefügiges
Werkzeug seiner Pläne zu machen gewußt. Mitleidig und
in dankbarer Erinnerung an das, was er Müller schuldete,
schreibt Jacob Grimm über den Todesfall*): „Es hat
mir geahndet und thut mir sehr leid, vielleicht am leibsten
mit unter denen hier; ich meine, er ist wie unter Heiden
gestorben; ein anderer Ort wäre der vielen Jahre würdiger
gewesen, wo er so fleißig und so herzlich gearbeitet."

Zu Halle sah Wilhelm den Durchzug des Herzogs
von Braunschweig mit der schwarzen Schaar, der sich von
Böhmen nach der Nordsee durchschlug, und vernahm die
Nachricht von dem mißlungenen Dörnbergschen Aufstand
in Hessen. Im August traf Clemens Brentano, den
er schon von Marburg und Kassel her kannte, gleichfalls zur
Kur ein. Brentano, der kurz vorher mit Arnim durch die
Herausgabe von „Des Knaben Wunderhorn" unserer Nation
einen wahren Schatz von Volksliedern neu erschlossen hatte,
war damals für die Brüder eine der interessantesten Per=
sönlichkeiten und wirkte belebend auf ihre Studien ein.

Mit Brentano reiste Wilhelm Grimm im September
nach Berlin und besuchte dort Achim von Arnim. Auch
dem Germanisten Friedrich Heinrich von der Hagen trat
er daselbst näher. Außerdem versäumte er die Gelegenheit
nicht, der Kurprinzessin Auguste von Hessen, der

---

*) Briefwechsel aus der Jugendzeit S. 104.

Schwester König Friedrich Wilhelms III., die damals mit ihren Kindern in Berlin lebte, seine ehrfurchtsvolle Aufmerksamkeit zu erweisen. Er erzählt uns: „Berlin war damals stiller und einsamer als je, das königliche Haus noch in Königsberg, nur die Kurprinzessin bewohnte einen Theil des Schlosses. Ich sah in ihrem Vorzimmer das von Bury gemahlte Bild des kleinen Prinzen*), der in kindlichem Spiel eine weiße Fahne muthig aufrecht hielt, in welcher kein Wappen mehr war, gleich als wolle er es von neuem erobern. Mir gefiel dieser sinnvolle Gedanke; aber nur meiner Wünsche dabei war ich gewiß. Mich trieb hessische Anhänglichkeit, der Kurprinzessin persönlich meine Verehrung zu bezeigen, und diese erhabene Frau, durch Geist und reiche Bildung ebenso ausgezeichnet als durch Adel der Gesinnung, hat sich hernach bei der Wiederherstellung gegen mich und die Meinigen allezeit gnädig erwiesen."

Auf der Heimreise hatte Wilhelm das Glück, in Weimar bei Goethe vorsprechen zu dürfen und von dem Altmeister deutscher Poesie auf ein Empfehlungsschreiben Arnims hin freundlich empfangen zu werden. Das erste Zusammentreffen mit dem großen Dichter schildert Wilhelm in einem Briefe an Jacob auf die anmuthigste Weise**): „Ich hatte nun sein Bild oft gesehen und wußte es auswendig, und dennoch, wie wurde ich überrascht über die Hoheit, Vollendung, Einfachheit und Güte dieses Angesichts. Er hieß mich sehr freundlich sitzen und fing freundlich an zu reden. Was er gesagt, sag' ich Dir mündlich wieder, aufschreiben kann ich es nicht. Er sprach von dem Nibe-

---

*) Der damals siebenjährige nachmalige Kurfürst Friedrich Wilhelm ist gemeint.
**) Briefwechsel aus der Jugendzeit S. 203 ff.

lungenlied, von der nordischen Poesie, — — von den alten Romanen, er lese eben den Simplicissimus u. dgl. und ich mußte ihm meine Uebersetzung der Kämpe-Viser (der alt-dänischen Heldenlieder) geben. Ich blieb fast eine Stunde da, er sprach so freundlich und gut, daß ich dann immer nicht daran dachte, welch ein großer Mann es sei. Als ich aber weg war oder wenn er still war, da fiel es mir immer ein und wie gütig er sein müsse und wenig stolz, daß er mit einem so geringen Menschen, dem er doch eigentlich nichts zu sagen habe, reden möge." Für den folgenden Tag wurde Wilhelm Grimm von Goethe zu Tische gezogen. Seine Hoffnung, daß dieser die Vorrede zu der von ihm vorbereiteten größeren Ausgabe der dänischen Lieder schreiben werde, wozu ihm Arnim Aussicht gemacht hatte, erfüllte sich indessen nicht. Unter dem Titel „Altbänische Heldenlieder, Balladen und Märchen" erschien das Buch zwei Jahre später zu Heidelberg und fand verdienten Beifall.

Mit reicher wissenschaftlicher Ausbeute — denn auch den Bibliotheken zu Weimar, Jena und Gotha war ein lohnender Besuch abgestattet worden — und zugleich körperlich gekräftigt kehrte Wilhelm nach Kassel heim. „Wer mich früherhin bleich und auf das Aeußerste abgemagert, wie ich war, gesehen hatte, so erzählt er, erkannte mich kaum wieder. Mit dem Gefühl, als sei mir das Leben nochmals geschenkt, lernte ich jetzt erst die Umgebungen von Kassel, die so schön und mannichfach sind, auf Spaziergängen kennen."

Die nächsten drei Jahre, 1810 bis 1812, verliefen, ohne daß im Leben der Brüder eine wichtige Veränderung eingetreten wäre. Jacob weiß aus seiner dienstlichen Thätigkeit nur von den Anstrengungen zu berichten, die ihm der Brand des alten Kasseler Landgrafenschlosses in der Nacht vom

24. November 1811 verursachte. Mit eigener Lebensgefahr gelang es ihm, die Bücher und Kupferwerke zu retten, welche aus der Wilhelmshöher Cabinetsbibliothek dorthin auf Jérôme's Befehl gebracht worden waren.

Um so reicher war jene Zeit der Ruhe und der Freiheit von Sorgen für die wissenschaftliche Vertiefung der beiden jungen Gelehrten. 1811 erschien zu Göttingen das erste Buch Jacobs, eine Arbeit über den altdeutschen Meistergesang, worin das Verhältniß der Stoffe und Formen der Meistersänger zu den ihnen vorausgehenden Minnesängern besprochen wurde.

Aber weit hinaus über die Kreise der Gelehrtenwelt machten die Brüder ihre in jenen Jahren gesammelten „Kinder- und Hausmärchen" bekannt, von welchen der erste Band zu Ende 1812 zu Berlin herauskam. Wie uns Wilhelm Grimm selbst berichtet, so begann er mit seinem Bruder schon seit dem Jahre 1806 aufzusuchen und niederzuschreiben, was sich an Volksmärchen im hessischen Heimathlande erhalten hatte. Die Sammlung wurde im Einverständniß mit Clemens Brentano angelegt, in dessen Absicht eine Ausgabe von ächten Volksmärchen lag. Noch 1809 boten ihm Beide, was sie bis dahin zusammengebracht hatten, zur Benutzung an. Ebenso, wie vieles Andere, ließ Brentano dann auch diesen Plan unausgeführt.

Besonders zwei Gegenden Hessens waren es, wo dem eifrigen Suchen der Grimms die Quellen reichlich zuströmten. Zunächst das Gebiet der Grafschaft Hanau, die Landstriche an Main und Kinzig, wo sie geboren waren und ihre Knabenjahre verlebt hatten, dann aber Kassel und seine nächste Umgebung. Der erste Band enthielt fünfundachtzig Märchen, der zweite, 1815 erscheinende, weitere siebzig. 1819 folgte eine zweite vermehrte und verbesserte Auflage in zwei Bänden,

zu der 1822 ein dritter Band mit Abhandlungen und An=
merkungen hinzukam. Die kleine, für Kinder bestimmte
Ausgabe erschien zuerst 1825. Die von Wilhelm Grimm
herrührende vortreffliche Vorrede zur zweiten Ausgabe der
größeren Sammlung belehrt uns in fesselnder Weise über
die Anschauung der Brüder vom Wesen des Märchens und
den Zweck, welchen sie mit der Veröffentlichung verfolgten.

Eine Reihe der schönsten Märchen des zweiten Bandes
verdankten die Brüder einer Bauersfrau aus dem Dorfe
Niederzwehren bei Kassel. Durch eine gute Radirung
ihres jüngeren Bruders, des Malers Ludwig Grimm,
die auch dem zweiten Bande der großen dreibändigen Aus=
gabe beigegeben ist, sind uns noch die klugen und an=
sprechenden Züge der Märchenfrau erhalten. Auch Wilhelm
hat ihr in der Vorrede ein schönes Denkmal gesetzt, indem
er von ihr erzählt: „Die Frau Viehmännin war noch
rüstig und nicht viel über fünfzig Jahre alt. Ihre Gesichts=
züge hatten etwas Festes, Verständiges und Angenehmes, und
aus großen Augen blickte sie hell und scharf. Sie bewahrte
die alten Sagen fest im Gedächtniß und sagte wohl selbst, daß
diese Gabe nicht jedem verliehen sei und mancher gar nichts
im Zusammenhange behalten könne. Dabei erzählte sie be=
dächtig, sicher und ungemein lebendig, mit eigenem Wohl=
gefallen daran, erst ganz frei, dann, wenn man es wollte,
noch einmal langsam, so daß man ihr mit einiger Uebung
nachschreiben konnte. Manches ist auf diese Weise wörtlich
beibehalten und wird in seiner Wahrheit nicht zu verkennen
sein. Wer an leichte Verfälschung der Ueberlieferung, Nach=
lässigkeit bei Aufbewahrung und daher an Unmöglichkeit
langer Dauer als Regel glaubt, der hätte hören müssen,
wie genau sie immer bei der Erzählung blieb und auf ihre
Richtigkeit eifrig war; sie änderte niemals bei einer Wieder=

holung etwas in der Sache ab und besserte ein Versehen, sobald sie es bemerkte, mitten in der Rede gleich selber."

Ueber die Art der Zusammenstellung der ganzen Sammlung sagt Wilhelm Grimm: „Wir haben aus eigenen Mitteln nichts hinzugesetzt, keinen Umstand und Zug der Sage selbst verschönert, sondern ihren Inhalt so wiedergegeben, wie wir ihn empfangen hatten; daß der Ausdruck und die Ausführung des Einzelnen großentheils von uns herrührt, versteht sich von selbst, doch haben wir jede Eigenthümlichkeit, die wir bemerkten, zu erhalten gesucht. — — Wiederholungen einzelner Sätze, Züge und Einleitungen sind wie epische Zeilen zu betrachten, die, sobald der Ton sich rührt, der sie anschlägt, immer wiederkehren und in einem anderen Sinne eigentlich nicht zu verstehen."

Der Anstoß, mit der Veröffentlichung der Märchen hervorzutreten, ging von Achim von Arnim aus. 1811 war Bettina Brentano, Savignys Schwägerin, zu Berlin Arnims Gattin geworden. Bettina war die „Ungenannte" gewesen, der er schon 1809 seinen „Wintergarten" zugeeignet hatte*). 1812 hatte Arnim einige Wochen bei den Brüdern Grimm in Kassel zugebracht und dort ihre Märchensammlung kennen gelernt. Es entsprach ganz der Geistesrichtung des Romantikers, daß ihm von allen ihren Sammlungen die Märchen am besten gefielen. Er meinte, sie sollten nicht zu lange mit der Herausgabe warten, weil bei dem Streben nach Vollständigkeit sonst die Sache am Ende liegen bliebe. „Im Zimmer auf- und abgehend", so erzählt Wilhelm Grimm in der Widmung der dritten Auflage, „las Arnim die einzelnen Blätter, während ein zahmer Kanarienvogel, in zierlicher Bewegung mit den Flügeln sich im

---

*) Arnim an Görres in Joseph von Görres Ges. Briefen II, 198.

Gleichgewichte haltend, auf seinem Kopfe saß, in dessen vollen Locken es ihm sehr behaglich zu sein schien." Das neuerschienene Märchenbuch, grün eingebunden mit goldenem Schnitt, legte Arnim seiner hochbegabten jungen Frau, die einst sich durch Goethes Freundschaft glücklich gefühlt hatte, am Christabend von 1812 unter die Weihnachtsgeschenke. „Uns freute, daß er es so werth hielt," so schreibt Wilhelm fünfundzwanzig Jahre später von Göttingen aus an Bettina, „und er konnte uns einen schöneren Dank nicht sagen." Wehmüthig fügt er hinzu: „Dies edle Haupt ruht nun schon seit Jahren im Grab — Achim von Arnim war 1831 gestorben — aber noch heute bewegt mich die Erinnerung daran, als hätte ich ihn erst gestern zum letzten Male gesehen, als stände er noch auf grüner Erde, wie ein Baum, der seine Krone in der Morgensonne schüttelt."

Die Anhänglichkeit Wilhelm Grimms an Arnim und die Seinigen hatte etwas Rührendes; sie war eine jener ächten Freundschaften, wie sie nur ein so treues deutsches Herz empfinden kann. Wilhelms Sohn, Herman Grimm, der mit Gisela von Arnim, einer Tochter Bettinas und Achims, vermählt ist, entwirft uns von den Beziehungen der Brüder zu Arnim und von diesem selbst ein prächtiges Bild. Er sagt *): „Unter den Briefen Arnims an meinen Vater und Onkel ist sicherlich der der schönste, in dem seine Hochzeit mit Bettina geschildert wird. Wenn mein Vater von Arnim sprach, schlug er einen eigenen feierlichen Ton an. Es war, als trete Arnim ihm innen vor die Augen. Arnim und

---

*) Fünfzehn Essays. Dritte Folge. Berlin. 1882. S. 274. Der Aufsatz H. Grimms über Bettina, worin sich die im Texte citirte Stelle findet, erschien zuerst 1880 im Goethe-Jahrbuch I, 1—16, dann 1881 vor der dritten von H. Grimm besorgten Auflage von „Goethes Briefwechsel mit einem Kinde" XI—XXIV.

Goethe waren seine höchsten Erinnerungen. Große Talente, die zu früh sterben, haben etwas Heiliges. Auch in Arnims Natur lag das Siegreiche, Freudige, Unbelastete, das Bettina eigen war, nur in anderer Ausprägung."

Es scheint überflüssig, hier von dem außerordentlichen Erfolge zu reden, welcher der Märchensammlung zu Theil wurde. Die größere Ausgabe mit zweihundert Märchen hat bis jetzt 19 Auflagen erlebt, die kleinere mit fünfzig Märchen 32 und fast alljährlich erscheint ein Neudruck. Die Auswahl der kleineren Ausgabe ist wohl das verbreitetste deutsche Kinderbuch überhaupt. Schon 1820 wurden sie ins Dänische übersetzt; Uebertragungen ins Holländische, Englische und Französische folgten. „Man darf behaupten", so lautet das Urtheil eines der bedeutendsten lebenden Kenner unserer Literatur *), „die Grimm'sche Märchensammlung ist mit einigen Uhland'schen Gedichten und wenigen anderen das Einzige, was sich von den literarischen Producten der deutschen Romantik in dem Bewußtsein der Nation ununterbrochen erhalten hat, und welchem sich ohne Gefahr der Widerlegung eine unvergängliche Fortdauer prophezeihen läßt."

Wilhelm Grimm, der mit dem feinen Gefühl eines wahren Dichters begabt war, hat das hauptsächliche Verdienst um die Sammlung in der Gestalt, wie sie uns vorliegt. Vor ihrem Erscheinen schrieb er an Joseph Görres in Coblenz, der damals neben Arnim und Brentano für das treibende Element der jüngeren Romantiker galt und mit den Brüdern lange Jahre im herzlichsten und geistvollsten brieflichen Verkehre stand **): „Wir haben von den Kindermärchen nach und nach eine reiche Samm-

---

*) Wilhelm Scherer „Jacob Grimm" in den Preuß. Jahrbüchern XV, 13. (Separatausgabe. Berlin 1865. S. 61.)
**) J. von Görres, Gesammelte Briefe II, 350 f.

lung gemacht und denken sie, ohne Schnüre und Goldborten, als ein ordentliches Volksbuch schlecht und recht abdrucken zu lassen." Nach dem Empfang des Buches antwortet Görres*): „Die Kindermärchen, von meinen Kindern mit Verlangen erwartet, sind gekommen und seither nicht ihnen aus den Händen zu bringen. Mein jüngstes Mädchen, Arnims Pathchen, weiß schon viele der Erzählungen und besonders die mit Reimen zu erzählen. Mein älteres hat sie schon in die Stadt unter die Kinder gebracht, und schon drei Tage nach der Ankunft des Buches kam ein Bube, um das Buch, wo vom Blutwürstchen und Bratwürstchen stände, zu leihen. Abends mußte meine Frau immer sieben vorlesen, und nach dem Eindruck zu urtheilen und der immer anhaltenden Aufmerksamkeit, hat sich Alles, wie auch natürlich, gar wohl bewährt. Sie haben Ihren Zweck vollkommen erreicht und in der Kinderwelt sich einen Denkstein gesetzt, der nicht zu verrücken sein wird. In der That haben Sie gar wohl recht; ich hätte nicht geglaubt, daß so viel Gutes noch übrig wäre; es ist eben, daß viele Jahrhunderte dazu gehören, etwas, das von viel Tausenden bewahrt wird, zu verzetteln."

So lautete das augenblicklich gewonnene Urtheil eines Kenners, noch ehe sich die Stimme der Kritik öffentlich über die Märchensammlung ausgesprochen hatte. Der Erfolg hat die Richtigkeit desselben glänzend bestätigt. Schon dieses eine Geschenk der beiden Brüder an unsere Nation reicht hin, ihren Namen, so lange es ein deutsches Volk gibt, unvergänglich zu machen. Unzählige Kinder haben schon diesen reizenden Erzählungen zugejubelt. Bei ihrem Anhören zieht die erste Ahnung von der Macht der

---
*) a. a. O. S. 378 f.

Poesie in die jungen Herzen ein. Auch für wie viele von uns Erwachsenen verknüpft sich mit den Grimm'schen Märchen die Erinnerung an glückliche Jugendtage, an das trauliche Beisammensein mit Vater und Mutter, deren Mund uns zuerst das köstliche Gut, lauterem Golde gleich, überlieferte, das Jacob und Wilhelm Grimm aus dem Schachte der deutschen Vorzeit ans Licht gezogen haben!

Durch die Herausgabe der Märchen begründeten die Brüder Grimm ihren literarischen Ruhm. Aber diese Veröffentlichung bildete nur die erste anerkannte That in einem langen Leben voll unermüdlichen Fleißes, voll bahnbrechender wissenschaftlicher Forschung, voll unerschütterlichen Mannesmuthes.

Dasselbe Jahr 1812, in welchem der erste Band der Märchen erschien, zeigt uns Jacob und Wilhelm Grimm auch an anderer wissenschaftlicher Arbeit. Abgesehen von kleineren Beiträgen in verschiedenen Zeitschriften war es namentlich die von ihnen veranstaltete Ausgabe des Hildebrandsliebs und des Wessobrunner Gebets, welche einen weiteren Fortschritt in ihrem Wissen und Können bedeutet.

Die Handschrift des Hildebrandsliedes, aus dem Kloster Fulda stammend, und sicherlich schon seit der ersten Hälfte des 17. Jahrhunderts in der Kasseler Bibliothek befindlich, war damals zwar nicht mehr unbekannt. Sie hatte sogar schon zwei Ausgaben erfahren, die erste 1729 durch Johann Georg von Eckhart, und eine zweite 1808 durch den Meininger Bibliothekar Reinwald, den Schwager Schillers. Aber beide Ausgaben litten, von vielen anderen Fehlern abgesehen, an dem Hauptirrthum, daß sie die poetische Form nicht erkannten, sondern das Bruchstück für einen Ueberrest altdeutscher Prosa hielten. Diesen Irrthum beseitigt zu haben ist das Verdienst der Brüder Grimm.

Schon 1811 hatte Jacob im „Museum für altdeutsche Literatur und Kunst" die Entdeckung bekannt gemacht, daß die in dem Fragmente zu Tage tretende dichterische Form die der Alliteration oder des Stabreims sei, die Hagen 1809 im Heliand erkannt hatte. Jetzt wiesen die Grimms jene Behauptung im Einzelnen nach und thaten zugleich dasselbe für das Wessobrunner Gebet, das kleine Gedicht aus dem bayerischen Kloster Wessobrunn, welches jetzt zu München aufbewahrt wird. Ihre zu Kassel erscheinende Ausgabe brachte nicht nur den urkundlichen Text mit Berichtigung, Umschreibung und Uebersetzung, sondern gab auch sprachliche Anmerkungen, eine Beschreibung der Handschrift und Untersuchungen über das Alter und das Fortleben der dem Hilbebrandsliede zu Grunde liegenden Sage auch in späterer Zeit. Im Verlauf der Jahre kehrten die Brüder in einzelnen Aufsätzen wiederholt zum Hildebrandsliede mit seinen vielen schwer erklärbaren Wortformen zurück und Wilhelm Grimm gab 1830 ein lithographirtes Facsimile der Handschrift heraus, das mehreren nachmaligen Ausgaben, insbesondere der ausgezeichneten Arbeit Lachmanns, als Grundlage diente. Man hat also Recht, wenn man die Grimms die Entdecker des poetischen und wissenschaftlichen Werthes des Hildebrandslieds genannt hat.

Zur Verwirklichung einer Reihe von anderen literarischen Plänen, mit denen sich die Brüder schon 1812 trugen, kam es damals nicht. Der größte Theil ihrer reichen Sammlungen über deutsche, altnordische und spanische Literatur blieb durch die Ungunst der Zeitverhältnisse noch mehrere Jahre liegen, ehe sie dieselben dem Lichte der Oeffentlichkeit übergeben konnten. Nur ein Unternehmen trat mit Anfang 1813 ins Leben, auf das sie viel Hoffnung setzten, eine von ihnen herausgegebene Zeitschrift „Alt=

deutsche Wälder", welche als Centralpunkt für die altdeutschen Studien dienen sollte. In der Ankündigung der ebenfalls anfänglich in Kassel verlegten Zeitschrift sagt Wilhelm: „Glück und günstige Verhältnisse haben den Herausgebern manches Schätzbare aus den verschiedensten Gegenden zugeführt, wovon sie hier mitzutheilen gedenken. Möchten darum Freunde des Alterthums, seiner Sprache, Dichtung und Sitten dieses Unternehmen unterstützen." Und in der Vorrede zum ersten Bande, der in der That 1813 erschien, schreibt Jacob: „Wir wollen dazu beitragen, wie ein alter Dichter so schön sagt, daß die schlafende Schrift wieder erweckt, die süße Lehre, die beschattet war, wieder aufgedeckt werde". Die veröffentlichten Beiträge, welche fast sämmtlich von den Brüdern selbst herrühren, zeigen diese schon in ihrer ganzen Vielseitigkeit. Aber die Wirkung, welche sie sich von ihrer Zeitschrift versprachen, blieb aus. Dazu brachte der Krieg die geschäftliche Seite des Unternehmens alsbald ins Stocken. Später, 1815 und 1816, erschienen noch zwei Bände zu Frankfurt a. M. Dann gingen die „Altdeutschen Wälder" ein, „nicht aus Mangel an Lust und Stoff", wie Jacob an Hoffmann von Fallersleben schreibt *), „sondern weil dem Publikum billigerweise nicht zugemuthet werden darf, bloße Studien in einem Fach zu unterstützen, wo selbst das Gründliche und Fertige kalt aufgenommen zu werden pflegt."

Den weltbewegenden Ereignissen des Jahres 1813 folgten die Brüder mit der lebhaftesten patriotischen Theilnahme. Während sich die Hauptarmeen der kämpfenden Mächte zur großen Entscheidungsschlacht in der Tiefebene Sachsens concentrirten, überfiel am 30. September der

---

*) Germania XI, 377.

russische Reitergeneral Czernitscheff mit einem größtentheils aus Kosaken bestehenden Corps Kassel und zwang nach ziemlich unblutigem Kampfe den König Jérôme zur Flucht. Die Verwirrung, welche nun entstand, als der russische General das Königreich Westphalen für aufgelöst erklärt hatte und nach einigen Tagen mit reicher Beute abgezogen war, ist bekannt. Bald kehrte auch Jérôme, der Verstärkungen an sich gezogen hatte, zurück. Die Gefängnisse füllten sich mit Verhafteten. Die Zeiten nach dem Dörnbergschen Aufstande schienen wiedergekehrt zu sein. Aber der König und seine Vertrauten wußten, daß die Tage der französischen Herrschaft in Deutschland gezählt seien, und daß es jetzt gelte, noch zu retten oder mitzuschleppen, was nur immer irgend möglich sei. Alle Schlösser und die Wohnungen der Großwürdenträger wurden ausgeleert. Bildergallerie und Museum, die 1806 und 1807 schon gehörig ausgeplündert waren*), mußten weitere Kunstschätze hergeben; in allen Straßen standen Wagen, auf denen die Franzosen ihr Eigenthum sowohl als ihren Raub über den Rhein zu retten suchten.

Plötzlich erhielt auch Jacob Grimm, der Cabinetsbibliothekar des Königs, den Befehl, die kostbarsten Bücher der Wilhelmshöher Bibliothek nebst den dort aufbewahrten Handschriften und der höchst werthvollen Kupferstichsammlung sofort einzupacken. So gut er auch mit dem damaligen Cabinetsecretär Jérôme's, Bruguière, einem wissenschaftlich sehr gebildeten Manne, stand, so war doch sein

---

*) Vergl. darüber die von mir herausgegebenen Memoiren Böltels in der „Zeitschrift des Vereins für hessische Geschichte, N. F. IX, 249 ff." und meinen Aufsatz „Zur Geschichte der Kasseler Kunstschätze, vornehmlich in den Zeiten des Königreichs Westphalen" in der „Deutschen Rundschau", herg. v. J. Rodenberg. 9. Jahrg. Heft 5. (Februar 1883.) S. 213 ff.

Widerspruch vergeblich. Mit Mühe gelang es ihm, Bruguière vom Mitnehmen der Handschriften abzuhalten, die sich meistens auf hessische Geschichte bezogen. Die Kupferstichsammlung dagegen und ein großer Theil der Bücher wurden in Kisten eingepackt und mitgeschleppt.

Während man das Volk durch Anschlagen prahlerischer Siegesbulletins über den wahren Verlauf der Dinge auf dem Kriegsschauplatze zu täuschen suchte, verließ Jérôme mit den ihm treu gebliebenen Truppen Kassel am 26. October zum zweiten Male, und zwar auf Nimmerwiedersehen. Nun war die Kunde vom großen Siege der Verbündeten bei Leipzig nicht mehr zu verbergen. Mitten in dem Freudenrausche, den die Nachricht erregte, kam der Kurprinz Wilhelm in Kassel an und erhöhte durch eine zündende Proclamation an die Hessen noch die Begeisterung. Ihm folgte am 21. November der alte Kurfürst und seine Gemahlin, mit größtem Jubel empfangen. Den folgenden Tag kam die Kurprinzessin Auguste mit ihren Kindern, die freudig aus dem Wagen blickten und nach allen Seiten Grüße winkten. „Wir liefen an dem offenen Wagen durch die Straßen hin, die mit Blumengewinden behangen waren", erzählt Jacob Grimm.

Die Brüder standen, wie sich Jacob ausdrückt, bei der kurfürstlichen Familie „doch noch gut angeschrieben." Ihre Kenntnisse konnte man verwerthen, wenn auch Wilhelm I. keinen glänzend bezahlten Cabinetsbibliothekar und Staatsrathsauditor Grimm mehr kannte. Noch im December 1813 wurde Jacob zum Legationssecretär ernannt und dem hessischen Gesandten beim großen Hauptquartier, dem Grafen Keller, beigegeben, um die Verbündeten auf dem Zuge gegen Frankreich zu begleiten. Wilhelm Grimm erhielt im Februar 1814 die Stelle eines Bibliotheksecretärs an der

Museumsbibliothek zu Kassel. Zwei jüngere Brüder der Grimms, darunter Ludwig der Maler, traten in die neugebildete hessische Armee ein, die nun den Feldzug von 1814 mitmachte. Für den großen und edlen Zweck, die durch den Krieg geschlagenen Wunden so viel als möglich zu heilen, strömten von allen Seiten Geldmittel zusammen. Niemand wollte zurückbleiben, wo es galt, zur Pflege der Kranken, zur Linderung der Schmerzen der Verwundeten, zur Unterstützung für die Wittwen und Waisen der Gefallenen sein Scherflein beizusteuern. Auch Jacob und Wilhelm Grimm betheiligten sich an den Gaben, und zwar in besonders würdiger Weise. Sie hatten den schönen Gedanken, ihr Wissen der vaterländischen Sache nutzbar zu machen. Damals waren sie gerade mit der Vorbereitung der Herausgabe des Gedichts Hartmanns von Aue „Der arme Heinrich" beschäftigt. Da entschlossen sie sich, eine Subscription auf ihre Ausgabe zu eröffnen und den Ertrag derselben zum Besten der hessischen Freiwilligen zur Verfügung zu stellen. Der Aufruf, durch den sie am 10. December 1813 zur Pränumerirung aufforderten, ist ein schönes Zeugniß ihres Patriotismus. Er beginnt mit den Worten: „In der glücklichen Zeit, wo Jeder dem Vaterlande Opfer bringt, wollen wir das altdeutsche, schlichte, tiefsinnige und herzliche Buch vom armen Heinrich, worin dargestellt ist, wie kindliche Treue und Liebe Blut und Leben ihrem Herrn hingibt und dafür herrlich von Gott belohnt wird, neu herausgeben. Wir vertrauen zu den braven Hessen und allen Deutschen, daß sie unsere Absicht bereitwillig aufnehmen und unterstützen werden."

Die Subscription blieb nicht ohne Erfolg. Nach Abzug der Druckkosten konnten die Brüder 194 Thaler an den Frauenverein zu Kassel als ihren Beitrag zu der all=

gemeinen Sammlung abliefern. Die für den damaligen Standpunkt der Forschung vorzügliche Ausgabe des „armen Heinrich" erschien jedoch erst 1815. Sie war den beiden fürstlichen Damen, die den Brüdern allezeit sich gütig erwiesen, der Kurfürstin und ihrer Schwiegertochter, der Kurprinzessin, gewidmet.

Unmittelbar nach Neujahr 1814 reiste Jacob Grimm mit dem Grafen Keller ins große Hauptquartier zu Frankfurt a. M. ab. Von da an beginnt wieder ein reger Briefwechsel mit seinem Bruder Wilhelm. An seinem Geburtstage, dem 4. Januar, vier Tage nach Blüchers Rheinübergang, läßt sich Jacob also vernehmen*): „Von politischen Dingen will ich Dir nur das schreiben, was Du nicht zugleich mit diesem Brief durch die Zeitung erfahren kannst. Es ist in der Letzte wieder recht brav hergegangen und den Cabinettern, nämlich den alliirten, die mitunter alten Sauerteig bei sich führen, müssen die Begebenheiten über den Kopf wachsen; das ist schön, daß der wahre lebendige Geist des Volkes, d. h. des großen Theils der Armee, auch hierin durchzubringen hat und alles auf den rechten Ort bringt." Wir sehen demnach, auch Jacob Grimm freut sich, daß der faule Friede, den man mit Napoleon plante, nicht zu Stande gekommen ist.

An der Hand dieses Briefwechsels können wir Jacob auf seiner Reise begleiten, die über Heidelberg, Karlsruhe und Freiburg nach Basel geht. Ueberall besucht er auch die Bibliotheken, um Nachforschungen für die gemeinschaftlichen Arbeiten zu halten, überall frischt er frühere Bekanntschaften mit Gelehrten auf oder knüpft neue an. Dann geht es nach Frankreich hinein über Langres nach

---

*) Briefwechsel aus der Jugendzeit. S. 213.

Chaumont und Troyes. Aber nach den Siegen Napoleons über mehrere Heeresabtheilungen der Verbündeten wurde das große Hauptquartier plötzlich zurückverlegt nach Chaumont, dann nach Dijon, bis Blüchers Vormarsch gegen Paris den Kampf entschied. Am 19. April schreibt Jacob zum ersten Male von der französischen Hauptstadt aus. Dort traf er auch bald hessische Landsleute. Der Kurfürst hatte eine Commission nach Paris entsandt, welche die zahlreichen, aus Kassel und den hessischen Schlössern von den Franzosen geraubten Gemälde, Statuen, Pretiosen und sonstigen Kostbarkeiten aufsuchen und zurückbringen sollte. Diese Commission bestand aus dem Geheimen Regierungsrath und Kammerherrn von Lepel, dem Oberhofrath nnd Museumsdirector Völkel und dem Gallerie-Inspector Robert. Die kurhessische Gesandtschaft beim großen Hauptquartier ward angewiesen, den drei Herren bei ihren Nachforschungen behülflich zu sein. Zu gleicher Zeit erhielt der Legationssecretär Grimm den Auftrag, die der Wilhelmshöher Cabinetsbibliothek entführten Werke ausfindig zu machen und zurückzuschicken. Jacob Grimm war in der Vollführung seines Auftrags glücklicher als die drei hessischen Commissäre. Nachdem diese mit vieler Mühe die Aufbewahrungsorte der geraubten Kunstschätze in Erfahrung gebracht und sich die nothwendigen Aufzeichnungen gemacht hatten, um die Verpackung der Gegenstände vorzunehmen, wurden die Bestimmungen des mit dem neu eingesetzten Könige Ludwig XVIII. abgeschlossenen Pariser Friedens bekannt. Hiernach hatte man in unzeitiger, besonders von Rußland veranlaßter Großmuth den Franzosen alle Beute belassen, die sie vor Beginn des letzten Krieges gemacht hatten. Etwa 300 Bilder der Kasseler Gemäldegallerie, alle Antiken des Museum Fridericianum und alles, was man aus Berlin

Braunschweig, Salzdahlum und den italienischen Städten an ähnlichen Schätzen in den Louvre geschleppt hatte, blieb französisches Eigenthum. Nur die zuletzt bei der Flucht Jérômes von seinen Begleitern mitgenommenen Gegenstände, wozu auch die Werke der Wilhelmshöher Bibliothek gehörten, wurden an Hessen herausgegeben. Den werthvollsten Theil bildete darunter die Wilhelmshöher Kupferstichsammlung, die indessen auch nicht vollzählig zurückkam, da eine Anzahl kostbarer Rembrandtscher Radirungen nicht wieder aufzufinden war.

Ende Juni kehrte Jacob Grimm nach Kassel zurück. Hier war seines Bleibens nicht lange, da er schon nach wenigen Wochen den Grafen Keller zum Wiener Congresse begleiten mußte. An dem diplomatischen Treiben zu Wien hat er ebenso wenig Freude als an den rauschenden Vergnügungen der Congreßtheilnehmer. Ueberall tritt es hervor, daß er Diplomat wider Willen ist und je eher je lieber diesen Beruf verlassen möchte. Für seine Art von hessischem Particularismus, der ihn, ebenso wie Wilhelm, bekanntlich bis zum Lebensende nicht verließ, ist besonders eine damals gegen Wilhelm gethane Aeußerung bemerkenswerth. Er schreibt *): „Ich fechte und rede für Hessen bei aller Gelegenheit als für das beste Volk, wenn ich nicht zu Haus bin; komme ich nach Kassel, so wird mich wieder Vieles ärgern. Das geht natürlich zu; in der Ferne hat man sich viel reiner lieb; daheim ist manches Kleine ein Anstoßstein, und man scheut sich gleichsam, die rechte Liebe auszulassen. Gott will aber diese Sparsamkeit mit der rechten Liebe, daß sie nicht ohne Noth gezeigt werde."

Während Jacobs Abwesenheit starb zu Kassel die

---

*) Briefwechsel aus der Jugendzeit. S. 240.

treue Tante der Grimm'schen Geschwister, Henriette Zimmer, der sie in ihren Jugendjahren so viel zu verdanken hatten.

Zu Wien erschienen zwei Arbeiten Jacobs, die schon längere Zeit druckfertig waren. Die eine, „**Irmenstraße und Irmensäule**" betitelt, war eine Abhandlung, welche die mythologische Bedeutung der Milchstraße und des bekannten von Karl dem Großen zerstörten Heiligthums der heidnischen Sachsen in Beziehung zu bringen suchte. Es lebte darin viel von dem Geiste der Mythendeutung nach Joseph Görres Manier, unter dessen Einfluß Jacob damals noch unverkennbar stand, wie er und Wilhelm auch die politischen Bestrebungen des Freundes durch manchen interessanten Beitrag im „Rheinischen Merkur" in jenen Tagen zu unterstützen suchten. Die zweite Arbeit, eine Ausgabe von vierzig **altspanischen Romanzen**, war mit ihrer spanischen aus Kassel datirten Vorrede Görres gewidmet. Auch für die Bekanntschaft mit den slavischen Sprachen wurde der Wiener Aufenthalt für Jacob fruchtbar. Daneben gingen unter der Leitung seines Bruders die mit diesem gemeinsam unternommenen Arbeiten ihren Gang. In demselben Jahre erschien der zweite Band der altdeutschen Wälder, der zweite Band der Märchen, die Ausgabe des armen Heinrich und der erste Band der **Lieder der alten Edda** mit Uebersetzung und Commentar.

Kaum war Jacob im Juli 1815 wieder in Kassel angelangt, als ihn ein Auftrag des preußischen Staatskanzlers Fürsten Hardenberg von Neuem nach Paris rief. Es handelte sich darum, in Gemeinschaft mit dem Geheimen Kammergerichtsrathe Eichhorn, dem nachmaligen Minister, solche Handschriften und seltene Werke dort aufzuspüren, die früher den rheinischen, jetzt Preußen zugefallenen Gebieten angehört hatten. Zugleich übertrug ihm der Kurfürst, der damals keine Bevollmächtigten in Paris hatte, die Betreibung einiger seiner eigenen Angelegenheiten. So war Jacob Grimm mit thätig bei der nun erfolgenden Rücksendung der Kasseler Kunstschätze. Von den Ehren, die man zu Kassel der Commission erwies, welche dieselben heimbrachte, wurde er nichts gewahr, da ihn der unangenehmste Theil seiner Aufgabe damals noch in Paris festhielt. Die Franzosen, welche ihm noch im Jahre zuvor höflich entgegengekommen waren, zeigten sich jetzt nach der Wegführung so vieler Kostbarkeiten so gereizt und erbittert, daß mit ihnen nicht allein sehr schwer zu verhandeln war, sondern daß sie ihm selbst das Arbeiten für seine eigenen Studien auf der Pariser Bibliothek zu verleiden suchten. Trotzdem gelang es ihm und Eichhorn, eine Anzahl der gesuchten Manuscripte zu finden, und Fürst Hardenberg gab ihm späterhin durch ein verbindliches Schreiben den Dank der preußischen Regierung für seine Dienstleistungen zu erkennen.

Unterdessen hatte ihn der Kurfürst zum Secretär seines neuernannten Gesandten am Frankfurter Bundestage bestimmt. Allein es gelang Jacob Grimm bald, diesen Plan rückgängig zu machen, und da eben der Geheime Hofrath Strieder, der Vorstand der Kasseler Bibliothek, gestorben war, den Posten des zweiten Bibliothekars an derselben zu erlangen, womit ein Gehalt von 600 Thalern verbunden war. Oberhofrath Völkel wurde an Strieders Stelle Vorstand der Bibliothek. Zugleich war ihm die Direction des Museums übertragen. Er war ein kenntnißreicher Mann, besonders im griechischen und römischen Alterthum bewandert. Da Wilhelm Grimm schon mehrere Jahre an der Bibliothek als Secretär thätig war, so hätte er den nächsten Anspruch auf Beförderung in die Stelle des zweiten Bibliothekars gehabt. Aber, wie er selbst erzählt, war ihm das Zusammensein mit dem Bruber mehr werth als ein Aufrücken. „Wir waren bisher", so sagt er, „nie getrennt gewesen und entschlossen, so lange es in unseren Kräften stehe, beisammen zu bleiben, aber ein solches gemeinschaftliches Amt erfüllte unseren liebsten Wunsch. Fast gegen Erwartung wurde die Bitte Jacobs (im April 1816) gewährt. Dankbar haben wir die glückliche Zeit genossen, wo wir eine willkommene und belehrende Beschäftigung in dem pünktlich verwalteten Amte fanden, daneben Muße zum Studieren und zum Ausführen mancher literarischen Pläne." Mit ihrem Vorgesetzten Völkel lebten die Brüder auf dem freundschaftlichsten Fuße. Ihre Briefe und ihre Selbstbiographien sind voll seines Lobes. So verstrichen von 1816 bis 1829 breizehn Jahre der einträchtigsten Arbeit und des regsten wissenschaftlichen Strebens.

Einen Ruf an die neugegründete Universität Bonn, der durch Eichhorns Vermittlung an Jacob erging, lehnte dieser ab, um sich nicht von dem Bruder trennen zu müssen und mit ungetheilter Kraft an dem Werke, einer „Deutschen Grammatik", das er in Angriff genommen hatte, weiterarbeiten zu können. Auch sein Bruder Ludwig Grimm, der Maler, ließ sich seit 1817 dauernd in Kassel nieder.

Bis 1814 hatten die Grimmschen Geschwister, anfangs mit ihrer Mutter zusammen, das zweite Stockwerk des Hauses des Kaufmanns Simon Wille in der Marktgasse (damals untere Johannisstraße 776) bewohnt. Das betreffende Eckhaus, jetzt mit Wildemannsgasse 2 bezeichnet, gehört heute den Herrn Gebrüdern Voepel*). Dann zogen sie in das von der Stadt aus rechts gelegene Thorhaus am neuen Wilhelmshöher Thore, dasselbe mit Säulen versehene Gebäude,

---

*) Ueber das auf dem Titelholzschnitte abgebildete Haus und seine Umgebung siehe auch das Vorwort dieser Schrift.

worin sich jetzt das Königliche Provinzial-Schulcollegium befindet *). Dort wohnten sie bis 1823 und mietheten sich dann mit Ludwig zusammen in dem schönen Eckhause der Bellevue **) und Georgenstraße ein, welches damals die Witwe des Hofmalers Professor Böttner besaß. Im Genuß der herrlichen Aussicht über die Baumgruppen der Aue in ihre hessischen Berge und Wälder lebten sie dort ein bescheidenes und glückliches Gelehrtenleben.

An lieben Freunden fehlte es den Grimm'schen Geschwistern weder in Kassel noch auswärts. In Kassel waren es besonders die Familien Wild, Henschel, von der Malsburg, Engelhard und Hassenpflug, mit denen der schon seit Jahren gepflegte Verkehr fortgesetzt wurde. Zu den ältesten und treuesten Bekannten gehörte der Arzt Dr. Richard Harnier. 1822 ward Lotte, die einzige Schwester der Brüder, die Gattin ihres Hanauer Landsmannes, des damaligen Obergerichtsrathes Hans Daniel Ludwig Friedrich Hassenpflug, des späteren kurhessischen Ministers. 1825 schloß auch Wilhelm Grimm eine glückliche Ehe mit Dortchen Wild, der Tochter ihres früheren Nachbars Rudolf Wild, des Apothekers zur „goldenen Sonne." Jacob blieb unvermählt. Die Verheirathung

---

*) Nach heutiger Straßenbezeichnung Rondel Nr. 1. — Den Ueberzug in dieses Haus beschreibt Wilhelm ausführlich im „Briefwechsel aus der Jugendzeit." S. 314 f. Sie hatten dort die zweite Etage inne, wie aus einer Bemerkung Wilhelms a. a. O. S. 294 hervorgeht.

**) Jetzt Bellevue 7. — Daß sie 1823 in dieses Haus zogen, ergibt sich aus einer Stelle eines Briefs Wilhelms an den Freiherrn von Meusebach im „Briefwechsel Meusebachs mit J. und W. Grimm" hg. von C. Wendeler, Heilbronn 1880. S. 122. Das Zusammenwohnen mit Ludwig betont besonders ein Brief Jacobs an Görres in J. von Görres Ges. Briefen III, 191.

Wilhelms änderte sein Verhältniß zum Bruder in keiner Weise. Das junge Ehepaar nahm ebenfalls im Böttnerschen Hause auf der Bellevue seine Wohnung. Das älteste im April 1826 geborne Söhnchen Wilhelms hob Jacob aus der Taufe. Doch starb das Kind noch im December desselben Jahres und wurde auf dem alten Friedhofe neben der Mutter der Brüder begraben. 1828 schenkte Wilhelms Frau einem zweiten Sohne das Leben, der nach ihrem Großvater mütterlicherseits den Namen Herman erhielt. Er ward seines Vaters und Oheims nicht unwerth. Man braucht nur die Namen Raphael, Michelangelo und Goethe zu nennen, um jedem Gebildeten Herman Grimms hohe Verdienste um das Verständniß für das künstlerische und poetische Schaffen der Vergangenheit ins Gedächtniß zu rufen.

Auch mit einigen Gelehrten der benachbarten Hochschule Göttingen standen die Brüder schon während ihres Kasseler Aufenthaltes in herzlichem Verkehr, namentlich mit Professor Benecke, dessen Studienrichtung der ihrigen verwandt war. 1809 war Wilhelm in Halle mit dem westphälischen Freiherrn Werner von Haxthausen bekannt geworden, der sehr bewandert in den Märchen und Sagen seiner Heimath war und solche Dinge, wo er nur konnte, sammelte. Diese Beziehung führte zu einer freundschaftlichen Correspondenz zwischen den Brüdern und der Familie Haxthausen. Werners Bruder August und seine beiden Schwestern Anna und Ludowine lieferten den Grimms manchen werthvollen Beitrag zu ihren Sammlungen. Besuche, die Wilhelm in Westphalen machte und die von den Haxthausens in Kassel erwidert wurden, dienten dazu, das freundliche Verhältniß zu erhalten. Es erkaltete auch nicht, als die Grimms nach Göttingen und später nach Berlin übersiedelten. Der letzte Brief Wilhelms an Anna von Arnswaldt, geborene von Haxthausen, ist im März 1859, wenige Monate vor seinem Tode, geschrieben. Eines anderen Freundes, des Geheimen Raths Freiherrn von Meusebach in Berlin, des gelehrten Sammlers auf dem Gebiete unserer älteren Literatur, mit dem Jacob und Wilhelm seit 1819 in regem Briefwechsel standen, wird bald öfters zu gedenken sein.

Diese Andeutungen reichen wohl hin, um darzuthun, in welchen angenehmen Verhältnissen die Brüder damals Jahre lang in Kassel lebten. Das Ziel ihres Ehrgeizes bestand nicht darin, eine auch äußerlich glänzende Stellung einzunehmen. Die Professorenlaufbahn sagte ihnen wenig zu, da sie fühlten, daß ihre Stärke weniger im lebendigen Vortrage als im unermüdlichen Sammeln und literarischen Schaffen, im Aufbau einer neuen Wissenschaft, der Wissenschaft der deutschen Sprach- und Alterthumskunde, beruhe.

Auch späterhin, als sie dennoch Lehrer an Hochschulen wurden, machten sie kein Hehl daraus, daß mancher weniger bedeutende Mann viel geeigneter sei, das von ihnen gemünzte Gold unter die Leute zu bringen. Ihre Ansprüche an das Leben waren sehr bescheiden; es hätte genügt, wenn man sie nur von Nahrungssorgen befreite, die nach und nach eintraten, als Wilhelm eine Familie begründet hatte. Bei ihrer ausgesprochenen Liebe zum Heimathlande wären sie diesem leicht zu erhalten gewesen, wenn man am Kasseler Hofe nur eine Ahnung von der Bedeutung beider Männer besessen hätte. Eine andere Frage ist es allerdings, ob wir es dennoch nicht als eine Gunst des Geschickes betrachten müssen, daß den Talenten der Brüder durch ihre Entfernung aus Kassel ein größerer Schauplatz zu ihrer Entfaltung angewiesen wurde. Denn dort bot sich ihnen keine Gelegenheit, mit ebenbürtigen Geistern in unmittelbaren dauernden Verkehr zu treten, wie es nachher in Göttingen und Berlin der Fall war.

Wenden wir uns nun zu den Ergebnissen des Forschens und Sammelns der Brüder während der Jahre 1816 bis 1818, so sind zunächst die beiden Bände „Deutscher Sagen" zu nennen, welche 1816 und 1818 erschienen. Auch an den Sagen — es waren insgesamt 579 — hatten beide gleichzeitig mit den Märchen seit Jahren gesammelt. Im ersten Bande waren die Sagen dargestellt, welche sich an bestimmte Orte anknüpfen, der zweite behandelte die geschichtlichen Sagen, die über einen Stamm, ein Geschlecht oder einzelne Personen vorhanden sind. Die großen Sagen, welche den Inhalt der germanischen Volksepen bilden, wie die von den Nibelungen, blieben ausgeschlossen, weil sie in dichterischer Form auf unsere Zeit gekommen sind. Die Vorrede zum ersten Bande, von Wilhelm Grimm geschrieben, setzt in mustergültiger Weise den Unterschied zwischen Märchen nnd Sage auseinander. „Das Märchen ist poetischer, die Sage historischer, so sagt er; jenes steht beinahe nur in sich selber fest, in seiner angebornen Blüthe und Vollendung. Die Sage, von einer geringeren Mannichfaltigkeit der Farbe, hat noch das Besondere, daß sie an etwas Bekanntem und Bewußtem haftet, an einem Ort oder an einem durch die Geschichte gesicherten Namen." — — „Der Geschichte stellen sich beide, das Märchen und die Sage, gegenüber, indem sie das sinnlich Natürliche und Begreifliche stets mit dem Unbegreiflichen mischen. Noch geht die Volkssage an Oerter und Stellen, die unsere Geschichte längst nicht mehr erreichen kann, vielmal aber fließen sie beide zusammen und untereinander; nur daß man zuweilen die an sich untrennbar gewordene Sage, wie in Strömen das aufgenommene grünere Wasser eines anderen Flusses, noch lange zu erkennen vermag." In dieser schönen bilderreichen Sprache, die ihre Gleichnisse der Natur entnimmt, ist auch der Schluß der Vorrede gehalten, wo Wilhelm Grimm von den Freuden des Sammelns solcher Dinge spricht. Dort sagt er: „Das Geschäft des Sammelns, sobald es einer ernstlich thun will, verlohnt sich bald der Mühe und das Finden reicht noch am nächsten an jene unschuldige Lust der Kindheit, wann sie in Moos und Gebüsch ein brütendes Böglein auf seinem Nest überrascht; es ist auch hier bei den Sagen ein leises Aufheben der Blätter und behutsames Wegbiegen der Zweige, um das Volk nicht zu stören und um verstohlen in die seltsam, aber bescheiden in sich geschmiegte, nach Laub, Wiesengras und frischgefallenem Regen riechende Natur zu blicken."

Die Aufnahme der „Deutschen Sagen", so verdienstlich ihre Veröffentlichung war, kam jedoch weder anfänglich noch auch in späteren Jahren dem Erfolge der Kindermärchen gleich. Vor allen Dingen wohl deshalb nicht, weil der tiefpoetische Gehalt, den die Märchen besitzen, und der auch heute noch auf Klein und Groß so zauberisch wirkt, den in bestimmteren Umrissen überlieferten und meistens derb gezeichneten Gestalten und Handlungen der Sage fehlt. Als Fundgrube für den Forscher behält die Sammlung für alle Zeiten ihren Werth, aber ein dichterisches Kunstwerk, wie die Märchen, ist sie nicht.

Seit dem Erscheinen der Sagen trennten sich die Arbeitswege der Brüder mehr und mehr. Sie trennten sich, soweit es auf dem gemeinsamen Felde der Erforschung des deutschen Alterthums möglich war. Wilhelms Individualität blieb dem Boden der Romantik, von dem beide ausgegangen waren, getreuer als die Jacobs. Die Vertiefung in die deutsche Heldensage, die Herausgabe alter deutscher Dichter entsprach seinen Neigungen; die weitere Sammlung und Verbesserung der Märchen fiel ihm fast allein zu. Jacob Grimm aber schritt hinüber in das Gebiet des Formalen und schuf während jener Kasseler Jahre das gewaltige Werk, welches ihm einen Platz unter den ersten Sprachforschern aller Zeiten sichert, seine „Deutsche Grammatik". 1819 erschien zu Göttingen ihr erster Band, der die Formenlehre enthielt.

1822 folgte ihm eine zweite wesentlich veränderte Ausgabe, welcher auch die Lautlehre beigefügt war. Ein Theil derselben, der Vocalismus, erschien 1840 in neuer Bearbeitung. 1826 und 1831 kamen der zweite und dritte Band heraus, welche die Wortbildung brachten. Der vierte Band, 1837 veröffentlicht, enthielt die Syntax des einfachen Satzes. Mehr ist nicht erschienen.

Nach dem Sprachgebrauche, wie er jetzt in der Gelehrtenwelt herrschend geworden ist, dürfen wir Jacob Grimms Grammatik eigentlich keine deutsche nennen, da sie viel mehr ist als das. Wir müßten sie als eine Grammatik der germanischen Sprachen bezeichnen, da sie auch das Gothische, Skandinavische und Englische in ihren Bereich zieht. Der wesentlichste Unterschied des Werkes von allen bisherigen Leistungen auf diesem Felde beruhte darin, daß es nicht vom gegenwärtigen Zustande unserer Sprache ausging, sondern daß es zurückgriff zu unseren Sprachdenkmälern und, mit den ältesten derselben beginnend, an ihrer Hand die Entwicklung der Sprache bis zu dem Augenblicke nachwies, wo sie für unsere heutige Ausdrucksweise entscheidend wurde. So schuf also Jacob Grimm die historische Grammatik. Die Zurückverfolgung der germanischen Worte bis in die Zeit der gothischen Bibelübersetzung des Ulfilas und die Formulirung der Veränderungen, welche sie im

Entwicklungsprozeß der Sprache erlitten, in bestimmte Regeln — dieses Ziel setzten sich die drei ersten Bände des Werks. Dasselbe Verfahren wird im vierten Bande für die Syntax eingeschlagen, deren Behandlung, wie schon erwähnt, nicht zu Ende geführt ist.

Der erste Band der Grammatik, der in höchst einfacher oder, besser gesagt, dürftiger buchhändlerischer Ausstattung erschien, war dem alten Freunde Savigny gewidmet, der schon 1810 seine Professur an der Hochschule zu Landshut mit einer an der damals neugegründeten Universität Berlin vertauscht hatte. In der Vorrede sagt Jacob: „Kein Volk auf Erden hat eine solche Geschichte für seine Sprache wie das deutsche. Zweitausend Jahre reichen die Quellen zurück in seine Vergangenheit. In diesen zweitausend Jahren ist kein Jahrhundert ohne Zeugniß und Denkmal. Welche ältere Sprache der Welt mag eine so lange Reihe von Begebenheiten aufweisen, und jede an sich betrachtet vollkommenere, wie die indische und griechische, wird sie für das Leben und den Gang der Sprache überhaupt in gleicher Weise lehrreich sein?"

Das Erstaunen in Deutschlands gelehrten Kreisen über Jacob Grimms Leistung war ein ebenso großes als berechtigtes. Goethe nannte ihn den „Sprachgewaltigen" und Jean Paul, damals von bedeutendem Einfluß auf die Geschmacksrichtung, schaute beschämt ob eines früheren wissenschaftlichen Streites und zugleich bewundernd zu diesem „grammatischen Riesendavid" empor, wie er sich ausdrückte, gegen den er sich wie ein „Zwerggoliath" vorkam *). An Bezeugungen der Anerkennung, wie sie Männern

---

*) Jean Pauls Werke LX. Ueber die deutschen Doppelwörter. Fünftes Postscriptum. S. 89.

der Wissenschaft verliehen werden, fehlte es nicht. Schon früher hatten gelehrte Gesellschaften zu Paris, Leyden, Amsterdam, Kopenhagen, Berlin und Frankfurt den Brüdern Diplome als correspondirende oder Ehrenmitglieder zugesandt. Aus Hessen wurde ihnen im Januar 1819 von der philosophischen Facultät der Universität Marburg die Doctorwürde verliehen. Aber auch Widerspruch gegen manche der von ihnen, insbesondere der von Jacob gefundenen wissenschaftlichen Ergebnisse machte sich geltend. Welchen Werth er auf solchen Widerspruch legte, zeigt u. a. eine Stelle seiner Briefe an Joseph Görres, dem er schreibt*): „Die Grammatik ist nicht selten ekelhaft von Unwissenden gelobt worden; der rechte Mann hätte natürlich viel daran zu tadeln gehabt, aber nach und nach wachsen rüstige Concurrenten heran, auf die ich mich mehr freue."

Der Rath sachkundiger Freunde, wie Beneckes in Göttingen, Meusebachs in Berlin und vor allem des damals noch in Königsberg lebenden Karl Lachmann ward ihm denn auch in solchem Grade zu Theil, daß er, als 1822 der erste Band in zweiter Auflage erschien, freimüthig in der Vorrede bekannte: „Es hat kein langes Besinnen gekostet, den ersten Aufschuß meiner Grammatik mit Stumpf und Stiel, wie man sagt, niederzumähen; ein zweites Kraut, dichter und feiner, ist schnell nachgewachsen; Blüthen und reifende Früchte läßt es vielleicht hoffen." Diese zweite Ausgabe brachte auch das unter dem Einflusse des Dänen Rask von Jacob Grimm entdeckte Gesetz der Lautverschiebung, das nicht nur für die germanische Philologie, sondern auch für die vergleichende Sprachwissenschaft überhaupt von der eminentesten Wichtigkeit und eins der her-

---

*) J. v. Görres, Ges. Briefe III, 191 f.

vorragendsten Mittel wurde, sowohl den sprachlichen Prozeß innerhalb der einzelnen Perioden unserer Sprache als auch ihren Zusammenhang mit allen übrigen indogermanischen Sprachen bis hinauf zum Sanskrit nachzuweisen. Eines weniger allgemeinen Beifalls hatte sich die Aenderung unserer Orthographie zu erfreuen, mit der Jacob Grimm in jener zweiten Ausgabe der Grammatik den Anfang machte. Während er früher sich der seit dem späteren Mittelalter allgemein üblichen Buchstaben bediente, welche man heute irrthümlicher Weise als deutsche Schrift zu bezeichnen pflegt, kehrte er nun zu der ursprünglichen lateinischen Schriftform zurück. Radicaler war schon das Weglassen der großen Buchstaben für die Substantiva; nur zu Anfang des Satzes und in Eigennamen behielt er sie bei. Aber auch dafür hatte er Belege aus unserem früheren Sprachgebrauch bis ins 16. und 17. Jahrhundert hinein. Ueberall, wo in der älteren Sprache ein z entsprach, setzte er in der neueren den Buchstaben ß. Diese und noch andere Aenderungen, insbesondere die Beseitigung des unberechtigten h, pflegt man unter dem Namen der Grimmschen oder der historischen Orthographie zusammenzufassen. Daß es dieser Schreibweise von jeher nicht an Gegnern fehlte, ist bekannt. Bitter genug hat dies schon Jacob Grimm selbst empfunden. So schreibt er in hohem Alter an K. Frommann: „Wir Deutschen sind und bleiben pedantisch, in Kleinigkeiten schwierig, und Großes unbeachtet fahren lassend. Meine Autorität in deutschen Dingen schlage ich gering an, seit ich nicht einmal vermochte, das elende ff neben ß zu stürzen und Zopf sammt Haarbeutel von allen fortgetragen wird" *). Es

---

*) Germania XII, 122.

kann hier ebenso wenig die Aufgabe dieser Darstellung sein, sich über die Bedeutung dieser von Jacob Grimm angebahnten Reform unserer Rechtschreibung auszusprechen als über die Ziele der sich daraus entwickelnden Bestrebungen, welche heute für die Verbesserung unserer Orthographie kämpfen.

Im Jahre 1821 erschien ein Buch Wilhelm Grimms „Ueber deutsche Runen", dem 1828 ein Nachtrag „Zur Literatur der Runen" folgte, den zuerst die „Wiener Jahrbücher der Literatur" brachten. Darin werden die Buchstabenzeichen der Germanen besprochen, die nicht, wie man früher glaubte, eine altursprüngliche Geheimschrift bildeten, sondern erst seit dem dritten oder vierten Jahrhundert nach Christus unter dem Einflusse der Römer und Byzantiner aus dem lateinischen und griechischen Alphabet hervorgingen. Durch seine Kenntniß des Altnordischen war Wilhelm vorzüglich befähigt, auch auf diesem Gebiete bahnbrechend zu wirken, und so bildet sein Buch über die Runen, wenn es jetzt auch in manchen Punkten veraltet und überflügelt ist, doch einen sehr wichtigen Schritt auch in diesem Theile der Wissenschaft.

Mit dem Jahre 1821 traten für die Brüder unliebsame Veränderungen ein. Am 27. Februar war Kurfürst Wilhelm I., 78 Jahre alt, gestorben. Seine Gemahlin Karoline war ihm um ein Jahr im Tode vorausgegangen. Wilhelms I. Sohn und Nachfolger Wilhelm II. hatte viel weniger Hochachtung für Geistesbildung als sein Vater, bei dem die Einwirkungen einer sorgfältigen Erziehung sich bis in sein hohes Alter erkennen ließen. Wilhelm II. dagegen hatte selbst für die Anfänge der Geschichte seines eigenen Hauses nur geringes Interesse, und trug, wenn man auf die Zeiten des Mittelalters zu reden kam, einen höchst nüchternen

Rationalismus zur Schau. Wie konnte er da irgend ein Verständniß für die Bestrebungen von Männern haben, die in erster Reihe unter den Patrioten standen, welche die Erschließung der deutschen Vorzeit als ihre Lebensaufgabe ansahen! Dazu kam noch etwas Anderes. Durch das Verhältniß des Kurfürsten zu Emilie Ortlöpp, die er nach seiner Thronbesteigung zur Gräfin Reichenbach erheben ließ, wurde der Einfluß der Kurprinzessin, der nunmehrigen Kurfürstin Auguste, ganz und gar beseitigt. Die Kurfürstin, an der das hessische Volk mit größter Liebe hing, verließ schließlich mit ihrer Tochter Karoline das Land und nahm Jahre lang in Preußen ihren Wohnsitz; ihr Sohn, der Kurprinz Friedrich Wilhelm, folgte ihr. Das Fehlen ihrer schützenden Hand sollten Jacob und Wilhelm Grimm ebenso empfinden, wie viele andere.

Auch in der Verwaltung der Kasseler Bibliothek wurden bald Veränderungen befohlen, die weniger auf die Hebung des Instituts als auf allerlei Chicanen gegen dessen Beamte hinausliefen. Den Gipfelpunkt dieser Quälereien bildete ein Befehl des Oberhofmarschallamtes, dem die Bibliothek nun unterstellt wurde, daß zur Controlirung des vorhandenen Bücherbestandes ihm binnen kurzer Zeit eine Abschrift des ganzen in 80 Foliobänden enthaltenen Katalogs eingereicht würde*). „Alle Gegenvorstellungen fruchteten nichts", so erzählt Jacob Grimm, „und wir mußten, der alte Völkel, mein Bruder und ich, wirklich Hand anlegen und ohngefähr anderthalb Jahre die edelsten Stunden auf diese Abschrift, deren Zweck wir nicht ein-

---

*) Außer Jacobs Selbstbiographie s. auch darüber seine brieflichen Aeußerungen gegen Hoffmann von Fallersleben. Germania XI, 499 f.

sahen, verwenden. Man arbeitet noch alles gern, was irgend einen Nutzen hat, aber dieses Geschäft, gestehe ich, ist mir das sauerste in meinem Leben geworden und hat mich Stunden und Tage lang verstimmt." Welcher Contrast zu dem, was die Brüder schon für die Wissenschaft geleistet hatten und zu den hohen Ideen, mit denen sie sich noch trugen! Doch sie vollendeten die geisttödtende Arbeit endlich und behielten daneben doch noch so viel Frische, um 1826 die Uebersetzung von 27 reizenden irischen Elfenmärchen herauszugeben, der eine ausführliche Einleitung über die Elfensagen in Irland und Schottland und über das Wesen der Elfen vorausgeschickt war. Daneben ging Jacobs Fortsetzung seiner deutschen Grammatik ihren Gang und die Vorbereitung eines Werkes über deutsche Rechtsalterthümer, während Wilhelm tiefgehende Studien über die deutsche Heldensage machte. 1828 konnte Jacob die „Deutschen Rechtsalterthümer" seinem Freunde, dem Freiherrn von Meusebach in Berlin, widmen. Wie die Grammatik, zogen die Rechtsalterthümer auch die nordischen und angelsächsischen Quellen in ihren Bereich; besonders schenkten sie den symbolischen Rechtshandlungen Beachtung. Die juristischen Facultäten der Universitäten Berlin und Breslau erkannten die neue ausgezeichnete Leistung Jacob Grimms durch Verleihung der Doctorwürde honoris causa an.

Ein Jahr später erschien Wilhelms berühmtes Buch über die deutsche Heldensage, eine Erweiterung der schon in der Zeitschrift „Altdeutsche Wälder" begonnenen Zusammenstellung der mittelalterlichen Zeugnisse über die in den germanischen Heldengedichten auftretenden Persönlichkeiten und den Ursprung und die Fortbildung dieser Heldensagen. Das Werk, mit eminenter Gelehrsamkeit geschrieben, wurde die Basis für diesen schwierigen Abschnitt unserer Literaturgeschichte.

Standhaft ignorirte die Regierung Kurhessens alle Auszeichnungen, die man von auswärts den Verdiensten der Brüder erwies. Sie schien auch nicht das leiseste Verständniß von der Bedeutung beider Männer zu besitzen, ja sie war, wie Vilmar *) treffend bemerkt, nicht einmal geneigt, sich dasselbe zu verschaffen. Aber damit nicht genug; es traf schließlich die Grimms für ihre treuen Dienste eine so harte Kränkung und Zurücksetzung, daß sie gezwungen waren, Hessen zu verlassen.

Am 31. Januar 1829 starb unerwartet nach kurzem Krankenlager Oberhofrath Dr. Ludwig Völkel, der Director der Bibliothek und des Museums. Die Brüder waren nun wohl berechtigt, zu erwarten, daß Jacob in die Stelle des ersten Bibliothekars, Wilhelm, der bisher Bibliothekssecretär gewesen war, in die des zweiten aufrücken werde. Jacob Grimm hatte 23 Dienstjahre, Wilhelm deren 15 aufzuweisen. Aber was geschah? Der hessische Geschichtsschreiber **Christoph Rommel**, der 1820 zum Historiographen des hessischen Fürstenhauses ernannt und von seiner Professur zu Marburg als Director des Staatsarchivs nach Kassel berufen, seit 1828 auch geadelt worden war und es besser als die Brüder verstand, sich in maßgebenden Kreisen geltend und angenehm zu machen, wurde unter Beibehaltung seines bisherigen Amtes auch zum Director der Bibliothek und des Museums ernannt. Die Grimms glaubte man mit einer Zulage von je 100 Thalern abspeisen zu können, so daß nun Jacob 700, Wilhelm 400

---

*) Lebensbilder deutscher Dichter. Nach Vilmars Tod herausgegeben v. K. W. Piderit. Frankfurt a. M. 1869. S. 159.

Thaler Gehalt bezog. Hiermit war beiden jede Aussicht auf künftige Beförderung abgeschnitten, zumal Rommel sich noch im rüstigsten Lebensalter befand und noch nicht drei Jahre mehr zählte als Jacob Grimm. Der Letztere sagt in seiner Selbstbiographie: „Die Sache hätte, auch wenn von Rommels Ansprüche berücksichtigt werden sollten, auf mehr denn eine Art anders eingerichtet werden können. Zum Beispiel, er hätte die Direction des Museums erhalten mögen, wenn ich den Posten eines Archivarius mit angemessenem Gehalt bekommen und mein Bruder zum Bibliothekar ernannt worden wäre. Einem Archive vorzustehen und ein so reiches und wenig benutztes, wie das hessische, nach Lust bearbeiten zu können, hätte meiner inneren Neigung noch mehr zugesagt als die Bibliotheksstelle. Der alte simple Archivariustitel hätte mir auf lebenslang genügt und keiner Direction so wenig wie früherhin es bedurft. Indessen bin ich nie von Jemandem gefragt worden und hütete mich wohl, Vorschläge verlauten zu lassen."

In dieser bitteren Stimmung traf die Brüder ein ehrenvoller Ruf an die Universität Göttingen. Jacob erhielt von der hannöverschen Regierung den Antrag, als Professor der deutschen Sprache und Literatur und zugleich als Bibliothekar, Wilhelm als Unterbibliothekar an die dortige Hochschule überzusiedeln. Aus dem Briefwechsel beider mit Herrn von Meusebach können wir deutlicher als irgendwo erkennen, wie schwer den Brüdern die Trennung von der Heimath wurde. Indessen alle Kasseler Freunde riethen zu, und noch höher als ihre Zustimmung stand das Gebot der Ehre, auf die Dauer eine solche Zurücksetzung nicht zu ertragen.

Die Nachricht von dem an sie ergangenen Rufe konnte in Kassel nicht verborgen bleiben. Auch der Kurfürst hörte davon und äußerte geringschätzig *): „Die Herrn Grimms gehen weg! Großer Verlust! Sie haben nie etwas für mich gethan." Aber mehr als das. Der Kränkungen waren noch nicht genug. Als am 20. October 1829 das königlich hannöver'sche Rescript mit der Bestallung der Brüder an der Göttinger Universität eingetroffen war und sie nun dem Kurfürsten ihre Abschiedsgesuche einreichten, konnte die Bescheinigung des Oberhofmarschallamtes, daß von beiden die Bibliothek nebst Acten, Siegel u. s. w. in ordnungsmäßigem Zustand amtlich übergeben worden seien, erst am 2. November ausgestellt werden. Um jedoch den Brüdern den Anspruch auf den Gehalt des Monats November zu entziehen, den sie nach den geltenden Vorschriften verlangen konnten, da sie denselben noch im kurhessischen Dienste angetreten hatten, wurde ihr Entlassungsrescript auf den 30. October zurückdatirt, wie wir aus einem Briefe Wilhelm Grimms an Herrn von Meusebach wissen **). Die Verfügung des Kurfürsten über die Verabschiedung hat sich noch im Original erhalten und befindet sich jetzt in der Landesbibliothek zu Kassel. Sie hat folgenden Wortlaut:

„Die beiden angebogenen Abschiedsgesuche der zeitigen Bibliothekare Grimm gehen 1) an das Oberhofmarschallamt wegen Besorgung der Ausfertigung der flachen Abschiede und demnächstigen Vorlegung, wenn der Museums- und Archivdirector Rommel bescheinigt haben wird, daß die genannten Grimms Alles wohl abgeliefert haben werden. Die Gehalte der Gedachten sind vorzulegen; 2) an den Museums- und Archivdirector Rommel um zweckmäßigere und für den Dienst vortheilhaftere Vorschläge wegen Wieder-

---

*) Briefwechsel Meusebachs mit J. und W. Grimm. S. 122.
**) a. a. O. Vgl. dazu auch die Bemerkung Jacobs S. 119.

besetzung eines Bibliothekars nebst eines Scribenten zu thun und die Instruction vorschläglich dahin abzuändern, daß gedachte bei der Bibliothek angestellt Werbende mehr für die Bibliothek selbst als für sich selbst arbeiten. Wilhelmshöhe den 30. October 1829. Wilhelm Kurfürst."

Also mit „flachem" Abschied ließ der Regent des hessischen Landes zwei Männer ziehen, die Jahre lang seinem Vater und ihm treu gedient hatten und deren Ruhm nicht allein in Deutschland, sondern auch im Auslande schon so groß war, daß die gelehrte Welt wetteiferte, ihnen Ehren zu erweisen, daß die edelsten Geister unserer Nation, ein Arnim, Savigny, Meusebach auf ihre Freundschaft stolz waren, und Göttingen, damals wohl die glänzendste Hochschule auf deutschem Boden, sich glücklich schätzte, für seinen Lehrkörper und seine großartige Bibliothek solche Zierden zu gewinnen.

Eine Genugthuung ganz eigener Art für die Mißhandelten kam eher, als sie es nur ahnten. Schon war beiden der flache Abschied zugegangen und alles in Vorbereitung zu ihrer Abreise, als bei einer großen Tafel am kurfürstlichen Hofe durch Zufall die Rede auf ihren Weggang kam*). Der Geschäftsträger des Königreichs Sachsen, Major von Lützerode**), sprach darüber sein Bedauern aus und bemerkte, daß er eigentlich den Auftrag gehabt habe, die Grimms für Sachsen zu gewinnen, sich aber gescheut habe diesen Auftrag auszuführen, weil es ihm in seiner Stellung als Gesandter am kurfürstlichen Hofe nicht passend erschienen sei, so berühmte Gelehrte dem hessischen Staatsdienste zu entziehen. Da frug der Kurfürst verwun-

---

*) Friedrich Müller, „Kassel seit siebzig Jahren", I, 159 f.
**) Lützerode war damals nicht General, wie bei Müller a. a. O. zu lesen ist, sondern erst Major.

bert ben ebenfalls zur Tafel gezogenen Archiv- und Bibliotheksdirector von Rommel, ob benn wirklich beide Grimms einen so bekannten Namen in der Wissenschaft hätten. Wohl oder übel mußte Rommel in Gegenwart des Herrn von Lützerode zugeben, daß dies in der That der Fall sei. Sofort entgegnete ihm die Gräfin Reichenbach, welche einen guten natürlichen Verstand besaß, sich aber sonst ebenso wenig wie der Kurfürst um wissenschaftliche Dinge bekümmerte: „Ei, Herr von Rommel, so haben Sie nicht immer gesprochen, wie jetzt. Sie sind auch allein Schuld, daß die Grimms weggehen." Als Rommel sich dagegen zu vertheidigen suchte, soll sie ihm die schlagende Antwort gegeben haben: „Nun, wenn Sie auch das Hängen nicht selbst besorgt haben, so haben Sie doch die Leiter dabei getragen."

Bei diesem Gespräche aber blieb es nicht. Die Gräfin Reichenbach nahm sich der Sache an und beauftragte ihren Leibarzt, einen Hanauer Landsmann der Grimms, den Director des Obermedicinalcollegiums, Dr. Heraeus, mit den Brüdern Unterhandlungen anzuknüpfen, um sie zu bewegen, ihre Berufung rückgängig zu machen. Am 15. Dec. 1829 schreibt Wilhelm an ihren gemeinschaftlichen Freund, den Geheimen Rath von Meusebach *): „Wie wunderbar ist das Schicksal; es lächelt uns, wenn wir eben linksum gemacht haben und es nicht mehr ansehen wollen. Nach siebenjährigem Frost **), bei dem es Grundeis gefroren hat, kommt auf einmal der schönste Thauwind und bringt den herrlichsten Frühling. Ohne Blume: nachdem wir in

---
*) Briefwechsel mit Meusebach. S. 124.
**) Damit ist ohne Zweifel die Regierungszeit Wilhelms II. gemeint, mit deren Beginn sich die Stellung der Brüder so sehr verschlechtert hatte.

Göttingen schon eine Wohnung gemiethet haben, alles dort fest ist und wir bald abzureisen gedenken, kommen hier officielle Eröffnungen. Alles ist darin gewährt: völlige Unabhängigkeit der Bibliothek von dem Museum und dem Herrn von Rommel, eine höhere Stellung und für beide 1600 Thaler Gehalt, also mehr als in Göttingen *). Auf dreimaliges Drängen immer die Antwort: vor dem ertheilten Abschiede würde dieser Antrag, der alle Wünsche erfülle, angenommen sein, jetzt könnten wir ein soeben gegebenes Wort von der hannöverschen Regierung nicht wieder zurückfordern."

Es war zu spät. Die Brüder schieden aus dem Heimathlande. Was sie empfanden, als sie von Kassel weggingen, drücken Wilhelms Zeilen an Meusebach deutlich aus, dem er schreibt **): „Ich verlasse Hessen und Kassel, wo ich die längste Zeit meines Lebens werde zugebracht haben, mit bitterm Schmerze und die Anhänglichkeit daran wird wohl nicht erlöschen. Mutter, Kind und eine Tante, die ich wie meine Mutter geliebt habe, liegen hier nahe neben einander begraben. Es kann uns kein Mangel an Vaterlandsliebe vorgeworfen werden; es war eine Pflicht, den Antrag nicht auszuschlagen, den wir nicht herbeigeführt haben." Und Jacob schreibt demselben Freunde ***): „Ich weiß noch nicht einmal, ob ich zu Vorlesungen den Athem haben werde; Lust spüre ich wenig in mir. Was ich gelernt habe, theile ich von jeher am liebsten vollständig bis ins Kleinste mit, nicht in halbem Absud, wie es für Studenten nöthig ist; und es wird, scheint's mir, nicht ohne Mühe hergehen, bis ich mich hinein schicke."

---

*) Ueber ihren anfänglichen Gehalt in Göttingen vgl. Briefwechsel mit Meusebach S. 116 u. 121.
**) a. a. O. S. 121 f.
***) a. a. O. S. 118.

Es charakterisirt den treuen Sohn seiner Heimath, daß die lateinische akademische Antrittsrede, die Jacob der Sitte gemäß zu Göttingen zu halten hatte, »de desiderio patriae«, von dem Heimweh, handelte. Zwar faßte er, wie leicht zu denken ist, seinen Gegenstand aus einem weiteren Gesichtspunkte; denn es war der Hauptzweck der Rede, darzuthun, wie sich durch Entfaltung und Ausbreitung der hochdeutschen Mundart über unser ganzes Volk das Bewußtsein unserer Deutschheit erwärmt und gekräftigt hat, und wie jetzt jeder Deutsche von Heimweh befallen wird, wenn er seiner ausgebildeten Schriftsprache entbehren sollte. Aber die Ideen, von denen er ausging, zeigten, was noch sein Herz bewegte. Er schilderte die eigenthümlichen Vortheile, die wir dem heimathlichen Boden verdanken und die bewirken, daß den Auswandernden eine oft unbezwingliche Sehnsucht nach der Heimath erfüllt.

Nach und nach schwand das schmerzliche Gefühl des Heimwehs, als die Brüder in Göttingen einen Kreis ebenso lieber als bedeutender Menschen kennen und die großen Vortheile schätzen lernten, die ihnen dieser Umgang und die wissenschaftlichen Hülfsmittel der berühmten Bibliothek boten. Mit dem ausgezeichneten Philologen und Archäologen Karl Otfried Müller wohnten sie in demselben Hause. Durch ihn lernten sie den bedeutenden Rechtslehrer Hugo kennen. Mit Benecke verband sie alte Freundschaft. Bald fühlten sie sich auch wohl in einer geistigen Atmosphäre, die ein Dahlmann, Albrecht, Gervinus und Ewald belebten.

Zu Göttingen wurde Wilhelms Familienglück noch durch die Geburt eines Söhnchens vermehrt, das nach dem Bruder seiner Mutter, dem Obermedicinalassessor Wild, den Namen Rudolf erhielt. An Besuch von Kasseler Freunden fehlte es nicht. Der höchste darunter war der ihrer ehemaligen gütigen Beschützerin, der Kurfürstin Auguste, die auf dem Wege von Bad Nenndorf nach Meiningen, wo ihre Tochter, die noch lebende Herzogin Marie, verheirathet war, das stille Haus der beiden Gelehrten durch ihre Gegenwart verherrlichte. „Ihre Freundlichkeit war uns jetzt", schreibt Wilhelm an Meusebach*), „wo wir nicht mehr ihre Unterthanen waren, noch beweglicher, und als sie die Dortchen, die ihr ohne alle Verlegenheit das kleine Kindchen herbeiholte, küßte und sagte: Ich hoffe Sie noch einmal in Kassel wiederzusehen, dachte ich: Fürstlichkeiten dürfen am ersten etwas sagen, was wie eine halbe Unmöglichkeit aussieht."

Im Winter von 1830 auf 1831 war Wilhelm so krank, daß man lange für sein Leben fürchtete. Endlich überwand die treueste Pflege von Gattin und Bruder die Gefahr. An sie erinnert heute noch der dritte Band der deutschen Grammatik, den Jacob damals in Göttingen vollendete. Er ist dem Bruder gewidmet. Das Vorwort**) beginnt mit diesen Sätzen: „Lieber Wilhelm, als Du vorigen Winter so krank warst, mußte ich mir auch denken, daß Deine treuen Augen vielleicht nicht mehr auf dieses Buch fallen würden. Ich saß an Deinem Tisch, auf Deinem Stuhl, und betrachtete mit unbeschreiblicher Wehmuth, wie sauber und ordentlich Du die ersten Bände meines Buches gelesen und ausgezogen hattest; mir war, als wenn ich es nur für Dich geschrieben hätte, und es, wenn Du mir genommen würdest, gar nicht mehr möchte fertig schreiben. Gottes Gnade hat gewaltet und Dich uns gelassen, darum von Rechtswegen gehört Dir auch das Buch."

---

*) Briefwechsel. S. 136.
**) Auch abgedruckt „Auswahl" S. 365.

Wilhelm war überhaupt, wie auch schon früher erwähnt, oft leidend, bis sich in seinen späteren Mannesjahren seine Gesundheit auf die Dauer festigte. Jacob dagegen war nie krank. Die kleine und schmächtige Gestalt mit dem schmalen geistvollen Gesichte, das damals noch braune Locken umgaben, „hatte doch etwas Urverwandtes mit den alten Kämpfern, die, den Helm abbindend und an der Luft stehend, sich in dem Ringen kühlen, um den Kampf mit gesammeltem Athem wieder aufzunehmen*). Er selbst vergleicht sich mit ihnen in seiner „Geschichte der deutschen Sprache"**). Ihm wuchs die Kraft in der Arbeit, wie jenen germanischen Helden im Kampfe. Es galt ihm, wie er selbst sagt ***), „mehr darum, in dem fluthenden Wasser zu baden, als die hineingefallenen Halme und Spreuer auszustoßen." Das überließ er anderen. Dagegen wußte Wilhelm, dem ein ausgezeichnetes Erzählertalent und ein liebenswürdiger Humor eigen waren, nach dem Ausspruche eines der competentesten Kritiker †), früh zu erfassen, was ihm gemäß war und es mit Treue festzuhalten. „Seine wissenschaftliche Entwicklung zeigt keine Sprünge und Umwälzungen. Von Anfang an steht ihm Besonnenheit zur Seite. Ihn an dem Bruder zu messen ist ungerecht. Er hat sich andere Ziele gesteckt, diese aber in seiner Art ebenso vollkommen erreicht."

Unter den von Wilhelm Grimm während der Göttinger Jahre veröffentlichten Arbeiten ist besonders seine vorzügliche Ausgabe des trefflichen mittelhochdeutschen Lehrgedichts „Freidanks Bescheidenheit" und die des

---

*) K. Goedeke, „Göttinger Professoren", Gotha. 1872. S. 188.
**) 4. Auflage II, 553.
***) Zeitschrift für deutsche Philologie I, 490.
†) Wilh. Scherer, Allgemeine deutsche Biographie, IX, 695.

„Rosengarten" zu nennen. Hinter dem Pseudonym Freibank, so glaubte er, verstecke sich Walther von der Vogelweide. Jedoch ist inzwischen überzeugend nachgewiesen worden, daß Freibank und Walther nicht dieselbe Person sein können.

Die hannöversche Regierung verstand es übrigens besser als die kurhessische, die Verdienste ihrer Gelehrten zu würdigen. 1831 wurde Wilhelm, der bis dahin Unterbibliothekar gewesen war, zum außerordentlichen, 1835 zum ordentlichen Professor in der philosophischen Facultät ernannt; Jacob erhielt den Hofrathstitel. Noch umfassender als Wilhelms Thätigkeit war die Jacobs. Von einem Werke schritt er zum andern. Außer dem dritten und vierten Bande seiner Grammatik erschien damals sein „Reinhart Fuchs", eine Sammlung lateinischer, mittelhochdeutscher und mittelniederländischer Gedichte über die bekannte Thierfabel, begleitet von ausführlichen Untersuchungen und literarhistorischen Charakteristiken. Das Werk war schon begonnen, als er noch Cabinetsbibliothekar Jérômes war, später bei seinen Pariser Reisen gefördert worden und trat nun fast zwanzig Jahre später, vielfach verbessert und verändert, ans Tageslicht.

Aber weit größeren Ruhm gewann seine 1835 veröffentlichte und dem Freunde Dahlmann gewidmete „Deutsche Mythologie", ein Buch, durch welches Jacob Grimm, ebenso wie durch die Grammatik, der Begründer einer neuen deutschen Wissenschaft wurde. Mögen auch heute manche Anschauungen desselben beim weiter vorgeschrittenen Stande der germanischen Mythenforschung als unhaltbar angesehen werden, dennoch bleibt seine Abfassung eine schöpferische That. Der lebhafte Beifall, den die „Deutsche Mythologie" sofort fand, ist uns auch heute noch erklärlich bei der prachtvollen Darstellung und dem umfassenden, nicht auf die deutsche Götterwelt allein gerichteten Blicke, durch die das Buch sich auszeichnet. Jacob war der letzte, der da meinte, daß er mit diesem, ebenso wie mit seinen anderen Werken, etwas Fertiges, Abgeschlossenes geschaffen habe. Im December 1843 schickte er die zweite wesentlich verbesserte Auflage des Buches einem Freunde, dem berühmten Archäologen Eduard Gerhard zu Berlin, mit folgenden Zeilen: „Hierbei, lieber Gerhard, ein in aller Weise unfertiges Buch, das Ihnen am wenigsten jetzt schon genießbar sein wird" *). Dennoch gehörte die Mythologie zu seinen liebsten Büchern, weil er darin auch den mächtigen Schwung seiner Phantasie hatte walten lassen können, wegen dessen man ihn „den poesievollsten Meister unserer Sprache" genannt hat.

So schien Alles dazu angethan, den Brüdern in fruchtbringendster akademischer Thätigkeit, in der Beschäftigung mit weiteren Problemen der Wissenschaft, in einem Kreise trefflicher Freunde und Amtsgenossen nach und nach Kassel und Hessen, wenn nicht vergessen zu machen, so doch mehr und mehr zurücktreten zu lassen. Da trieb ein unerwartetes Ereigniß beide aus der neuen Heimath fort. Sie, die sich früher niemals dauernd mit Politik befaßt hatten, wurden von da an lange Zeit unter den **politischen** Männern Deutschlands in erster Reihe genannt.

Mit dem 1837 erfolgten Tode König Wilhelms IV. von England und Hannover hatte die bis dahin zwischen diesen beiden Ländern bestehende Personalunion aufgehört.

---

*) Die Worte stehen auf dem Titelblatte des jetzt in der Kasseler Bibliothek befindlichen Exemplars.

Der Herzog von Cumberland, welcher als König Ernst August nun den Thron Hannovers bestieg, stieß die von seinem königlichen Bruder gegebene Verfassung, das Staatsgrundgesetz von 1833, alsbald um. Einstweilen sollten die Bestimmungen einer früheren 1819 ertheilten Verfassung wieder in Kraft treten, bis mit den Ständen eine neue Constitution vereinbart sei. Das Land ließ den Gewaltstreich ohne Widerstand über sich ergehen mit Ausnahme einiger Professoren der Universität Göttingen. Die Seele der dort sich bildenden Opposition war Friedrich Christoph Dahlmann, der Historiker. Ihm zur Seite standen Jacob Grimm und Georg Gervinus. Anfangs hofften sie, den größten Theil des akademischen Senats auf ihrer Seite zu sehen. Aber es fingen, nach einem Worte Wilhelm Grimms *), „die Charaktere vieler Professoren an sich zu entblättern gleich den Bäumen des Herbstes bei einem Nachtfrost; da sah man viele in nackten Reisern, des Laubes beraubt, womit sie sich in dem Umgang des gewöhnlichen Lebens verhüllten." Nur sieben Männer waren es, die am 17. November 1837 die berühmte, von Dahlmann entworfene und von Jacob Grimm redigirte Erklärung an das Curatorium der Universität unterzeichneten, das Actenstück, welches ihren Namen als den der „Göttinger Sieben" in der Geschichte freiheitlicher Bestrebungen in Deutschland unsterblich gemacht hat. Zu den Sieben gehörten außer Dahlmann, Gervinus uud den Brüdern Grimm noch Albrecht, Ewald und Wilhelm Weber, lauter Männer ersten Ranges in ihren Wissenschaften und die Zierden der Hochschule. Einer darunter,

---

*) Bei J. Grimm „Ueber meine Entlassung", S. 21, „Kleinere Schriften", I, 88 und „Auswahl" S. 40.

der große Physiker Wilhelm Weber, mit Gauß der Hersteller des ersten elektro-magnetischen Telegraphen, weilt heute noch unter den Lebenden. Die Protestation erklärte, daß die Unterzeichner sich durch ihren auf das Staatsgrundgesetz geleisteten Eid fortwährend verpflichtet halten müßten und daher eine Ständeversammlung, die in Widerspruch mit den Bestimmungen dieses Gesetzes zusammentrete, nicht als rechtmäßig bestehend anerkennen könnten. Die Erklärung schloß mit den Worten: „Die ehrerbietigst Unterzeichneten sind sich bewußt, bei treuer Wahrung ihres amtlichen Berufes, die Jugend stets vor politischen Extremen gewarnt, und, so viel an ihnen lag, in der Anhänglichkeit an ihre Landesregierung befestigt zu haben. Allein das ganze Gelingen ihrer Wirksamkeit beruht nicht sicherer auf dem wissenschaftlichen Werthe ihrer Lehren, als auf ihrer persönlichen Unbescholtenheit. Sobald sie vor der studierenden Jugend als Männer erscheinen, die mit ihren Eiden ein leichtfertiges Spiel treiben, ebenso bald ist der Segen ihrer Wirksamkeit dahin. Und was würde Sr. Majestät dem Könige der Eid unserer Treue und Huldigung bedeuten, wenn er von solchen ausginge, die eben erst ihre eidliche Versicherung freventlich verletzt haben?"

Der Eindruck dieser Erklärung, die auch alsbald im Druck verbreitet wurde, war ein außerordentlicher, zunächst in Göttingen und Hannover, dann aber auch in ganz Deutschland. König Ernst August, auf das Höchste erbittert, entsetzte durch Rescript vom 11. December die Sieben ihres Amtes. Gegen die Unterzeichner der Protestation wurde ein verschiedenes Verfahren beobachtet*). Dahlmann, Gervinus und Jacob Grimm, als die am

---

*) A. Springer, F. Chr. Dahlmann, I, 444 ff.

meisten Gravirten, erhielten die Aufforderung, binnen drei Tagen das Königreich Hannover zu verlassen. Die vier Anderen konnten vorerst noch in Göttingen bleiben. Die drei Ausgewiesenen empfingen alsbald Zwangspässe, die sie am 17. December nach der kurhessischen Grenze über Witzenhausen nach Kassel dirigirten. Landdragoner begleiteten sie. Die akademische Jugend suchte man abzuhalten, von den drei Verbannten Abschied zu nehmen. Polizei und Militär verhinderten Ansammlungen der Studierenden in der Stadt; den Lohnkutschern und Pferdeverleihern wurde bei schwerer Strafe verboten, Wagen und Pferde in diesen Tagen an Studierende zu überlassen. Da machten sich an 300 Studenten bei Nacht auf, legten die sechs Stunden bis Witzenhausen zu Fuß zurück und erwarteten dort am anderen Tage an der alten Werrabrücke die Vertriebenen *). Die hannöversche Grenze war stark mit Gardes du Corps und Landdragonern besetzt, die den Auftrag hatten, jede Demonstration auf hannöverschem Gebiet zu verhindern. Als die beiden Wagen, welche die Verbannten trugen, in das erste hessische Dorf kamen, wollte Jacob Grimm, ein großer Kinderfreund, einem kleinen am Wege stehenden Bauernjungen die Hand geben. Nach Kinderart verbarg sich der Knabe scheu hinter seiner bei ihm stehenden Großmutter. „Gib dem Herrn eine Hand, er ist ein Flüchtling", so mahnte darauf die alte Bauersfrau ihr Enkelchen. Dieses Wort, noch dazu in seinem Geburtslande gesprochen, machte auf Jacobs weiches Gemüth einen so tiefen schmerzlichen Eindruck, daß er später

---

*) Man vergleiche auch über diese Vorgänge den Brief Karl Otfried Müllers an Böckh vom 19. December 1837 im Briefwechsel beider. Leipzig, 1883. S. 400 ff.

des Vorfalls in seiner berühmten Schrift über seine Entlassung besondere Erwähnung that. — Um Mittagszeit langten die Wagen an der Werrabrücke an. Im ersten befand sich Gervinus mit seiner schönen jungen Frau, im zweiten Jacob Grimm mit Dahlmann und dessen jungem Sohne. Mit jubelndem Hoch empfangen sie die Studenten, man überreicht den Vertriebenen Kränze, spannt die Pferde von den Wagen und zieht diese nach Witzenhausen hinein.

Im Gasthause „zur Krone" in Witzenhausen erwarteten auch mehrere Lehrer der Göttinger Hochschule ihre drei ehemaligen Collegen. Sie hatten zwar die Protestation nicht unterzeichnet, wollten aber durch ihr Erscheinen Zeugniß ablegen, daß sie nicht, wie man auszusprengen versucht hatte, die Erklärung der Sieben verurtheilten, noch auch mit der kläglichen Abbitte übereinstimmten, welche nicht lange vorher der damalige Prorector der Universität auf dem Jagdschlosse Rotenkirchen im Namen derselben vor dem Könige thun zu müssen geglaubt hatte. Der Jurist Thöl, der Theologe Ludwig Duncker, die Philologen Karl Otfried Müller, Ernst von Leutsch, Schneidewin und Bertheau, der Philosoph Heinrich Ritter werden unter den zu Witzenhausen Anwesenden genannt*). Da die Räume des Gasthauses bei weitem nicht alle die fassen, welche die verehrten Lehrer nochmals zu sehen wünschen, öffnet auf das Bitten der Studenten der Bürgermeister von Witzenhausen den Saal des Rath-

---

*) Kasseler „Beobachter", Jahrg. 1837 Nr. 148 und Kasseler „Allg. Ztg.", Jahrgang 1837, Beilage zu Nr. 351. — H. Thöl und E. v. Leutsch, die heute noch leben, hatten schon am 13. December 1837 mit K. O. Müller, Kraut, Ritter und Schneidewin in Kasseler und anderen Blättern eine mannhafte Erklärung veröffentlicht, die über ihre Haltung keinen Zweifel ließ.

hauses. Dort werden die letzten Abschiedsreden gehalten, sämmtlich maßvoll, mit achtungsvoller Rücksicht auf das Gastrecht, das man genoß. Die von Göttingen gekommenen Professoren und die meisten Studenten kehrten nach der Universitätsstadt zurück. Fünfzig bis sechzig junge Leute ließen es sich jedoch nicht nehmen, die Verbannten auf Wagen, die sie in Witzenhausen mietheten, bis Kassel zu begleiten. Dort langten sie in der Nacht an. Sie fanden die Wache am Leipziger Thore verstärkt, und nur einige erhielten Einlaß. Die meisten wurden von der kurfürstlichen Polizei gezwungen, sofort umzukehren, ohne die Stadt betreten zu haben*). Auch Dahlmann und Gervinus, welche nicht, wie Jacob Grimm, in Kurhessen heimathsberechtigt waren, duldete man nicht länger als zwölf Stunden in Kassel, da der Kurprinz-Mitregent Friedrich Wilhelm, der seit September 1831 für seinen Vater Wilhelm II. das Land regierte, das gute Einvernehmen mit Hannover keiner Trübung aussetzen wollte. Gervinus wandte sich nach Darmstadt, seiner Vaterstadt, Dahlmann nach Leipzig. Jacob Grimm aber fand Zuflucht im Hause seines Bruders Ludwig in der Bellevue, demselben Hause, wo die Brüder früher von 1823 bis 1829 gewohnt hatten. Ludwig Grimm, seit 1833 Professor an der Kasseler Kunstakademie, hatte die einzige Tochter der Hauseigenthümerin Frau Professor Böttner geheirathet und war dadurch in den Besitz des Hauses gelangt. Einige Monate später siedelte auch Wilhelm mit Frau und Kindern nach Kassel über.

Daß die alten hessischen Freunde und Landsleute Jacob Grimm nicht vergessen hatten, merkte er sehr bald an den zahlreichen Beweisen von Liebe und Aufmerksamkeit,

---

*) Kasseler „Beobachter", Jahrg. 1837, Nr. 145.

die ihm alle diejenigen zu Theil werden ließen, welche den Werth des freien Mannesmuthes zu schätzen wußten. Man darf es wohl sagen: In den Göttinger Sieben erblickte damals ein großer Theil der Gebildeten der Nation den Stolz und die Hoffnung des Vaterlandes. Mächtig erklang über die deutschen Lande hin der Neujahrsgruß, den am 1. Januar 1838 einer der besten Männer unseres Volkes, **Anastasius Grün**, der österreichische Graf **Anton Alexander von Auersperg**, dem Verbannten im stillen Hause auf der Bellevue in Kassel zusandte. In schwung= vollen Versen schildert zuerst der Dichter Jacob Grimms unvergängliche Verdienste um die Geschichte und Sprache des Vaterlandes. Dann fährt er fort:

„O Preis und Ruhm der Wissenschaft! Es gibt der sonst so armen
Der Thron selbst heut' als Ehrenwacht Dragoner und Gendarmen.
Fürwahr, wo solche Männer fortverbannt, landflüchtig reisen,
Müßt strafend ihr nicht aus dem Land, nein in das Land verweisen!

Du aber, Mann der Treu' und Ehr', den wir so herrlich tragen
Das Banner deutschen Wortes sah'n, Du weißt aus alten Sagen:
Wenn wo ein Heer selbflüchtig ist, versprengt auf irren Wegen,
Ruht auf der letzten Fahne noch ein zaubervoller Segen!

Und wer sie trägt, deß Haupt wird sie als Baldachin umwiegen,
Ein Ehrenmantel, wird sie stolz um seine Schultern fliegen,
Sie wird, thut's Noth, ihn schützend auch als goldne Woll' umschweben
Und ihn, verschleiert all' in Glanz, unwürd'gem Volk entheben.

Getrost, noch steht die schönste Burg, der deutschen Sprache Beste:
O daß sie, Deine Wartburg, Dich bewirth' und schirm' aufs Beste!
Du rufst von ihren Zinnen dann — wer bricht die je in Trümmer? —
Ob Alles auch verloren sei, ist's doch die Ehre nimmer." — —

Aber es blieb nicht bei den lauten Zeichen des Beifalls, welche die Protestation anfangs begleiteten. Vor allem strebte die Regierung des Königs von Hannover danach, durch ihre officiellen Organe und alle ihr sonst zu Gebote stehenden Mittel die Beweggründe der eidestreuen Professoren in der öffentlichen Meinung herabzusetzen. Mehr als eine der übrigen deutschen Regierungen fand dieses Verfahren vollkommen gerechtfertigt. Die Vertriebenen sahen sich nun genöthigt, um nicht ein falsches Bild ihrer Handlungsweise entstehen zu sehen, mit der Feder ihre Vertheidigung zu führen. Aber die Entgegnungen Dahlmanns und Jacob Grimms, die in Leipzig erscheinen sollten, ließ die sächsische Censur nicht zum Drucke zu. Ewalds Gegenschrift wurde in der Druckerei zu Schneeberg vor der Herausgabe confiscirt und die Veröffentlichung von Albrechts lediglich juristischer Deduction nur nach einer Verstümmelung der von Dahlmann geschriebenen Vorrede gestattet *). Auch die Vertheidigungs= schrift Jacob Grimms war von dem Leipziger Censor, Professor Bülau, nicht allein „von bedenklichem Ansehn" befunden worden, sondern dieser hatte es bei seiner Censur sogar gewagt, den Stil des Meisters der deutschen Sprache zu tadeln. Als Jacob Grimm das Blatt erhielt, worauf die lange Reihe der angefochtenen Stellen notirt war, schrieb er darunter: „Professor Bülau in Leipzig, Verfasser eines schlechten Buchs über Tacitus Germania und ähnlicher ebenso schlechter. So censire ich ihn gleich wieder." Jacobs Schrift wanderte nun, ebenso wie die Dahlmanns, ins Ausland nach Basel, wo sie in der Schweighauserischen Buchhandlung erschien und als verbotene und daher erst recht gern gesehene Waare nach Deutschland eingeschmuggelt wurde. Ihr Motto stimmt vortrefflich zum Inhalte. Es ist dem Nibelungenliede entnommen und lautet: »War sint die eide komen?« d. h. „Wohin ist es mit den Eiden

---

*) Springer, F. C. Dahlmann II, 24 f.

gekommen?" Mit diesen Worten erinnert Siegfried zu Worms den König Gunther, nachdem er ihm Brunhild von Isenland zur Gemahlin gewonnen hat, an seinen Schwur, daß er für ihn, wenn sie siegreich heimkehrten, bei seiner Schwester Kriemhild Brautwerber sein wolle.

„Nie, von früh auf bis jetzt", sagt Jacob Grimm in dieser Schrift, die ihn in seiner ganzen Manneswürde zeigt, „ist mir oder meinem Bruder von irgend einer Regierung Unterstützung oder Auszeichnung zu Theil geworden: einigemal jener war ich dieser nie bedürftig. Diese Unabhängigkeit hat meine Seele gestählt, sie widersteht Anmuthungen, welche die Reinheit meines Bewußtseins beflecken wollen. Mein Bruder hat noch die Pflicht, eine solche Gesinnung seinen Kindern zu überliefern. Spräche er statt meiner, er würde sich in seiner Weise ausdrücken, aber seine Antwort auf jede ernste Frage würde nicht anders lauten, weil die Quelle, aus der ich sie schöpfe, auch ihn tränkt."

Wie er von seiner Stellung als deutscher Mann denkt, mögen diese Stellen bezeugen: „Ich fühle mich noch heftig allen Eigenheiten meiner hessischen Heimath zugewandt, selbst von ihren Mängeln und Gebrechen berührt. Meine Eltern gewöhnten mich von Kindesbeinen an, diese durch glänzende Mittel wenig hervorstechende, durch angestammte Tüchtigkeit und Genügsamkeit ausgezeichnete Landschaft nur als einen wesentlichen Bestandtheil des deutschen Vaterlands anzusehen, dessen Ruhm und Größe auch sie bestrahlen, und was sie ihm zum Opfer darbringen könnte, liebend empfangen müßte." — —

„Meine Vaterlandsliebe habe ich niemals hingeben mögen in die Bande, aus welcher sich zwei Parteien einander anfeinden. Ich habe gesehen, daß liebreiche Herzen in diesen Fesseln erstarrten. Wer nicht eine von den paar Farben, welche die kurzsichtige Politik in Curs bringt, aufsteckt, wer nicht die von Gott mit unergründlichen Gaben ausgestatteten Seelen der Menschen wie ein schwarz und weißes Schachbrett ansieht, den haßt sie mehr, als ihren Gegner, der nur ihre Livree anzuziehen braucht, um ihr zu gefallen. Hat nicht die Geschichte unserer Zeit oft genug gezeigt, daß keine Regierung sich irgend einer Partei hat lange ergeben können? Ich traue jedem dieser Gegensätze einen größeren oder kleineren Theil Wahrheit zu und halte für unmöglich, daß sie in voller Einigung aufgehen. Wer fühlte nicht in gewissen Punkten zusammen mit dem Liberalen, mit dem Constitutionellen und dem Legitimisten, Radicalen und Absoluten, sobald sie nur nicht unredlich oder Heuchler sind?"

Diese Sprache eines ehrlichen Mannes würde auch heute noch ihre Wirkung nicht verfehlen. Solchen Grundsätzen blieb Jacob Grimm sein Leben lang treu. "Der Lüge und des Unrechts Feind, hochbegabt in Pflicht und Treue, unerschütterlich in Acht und Bann", diese Worte, die auf dem Grabmale seines großen Zeitgenossen, des Freiherrn vom Stein, stehen, könnte man mit vollem Rechte auch auf das seine setzen. Die Schrift schließt mit den Worten: "Nun liegen meine Gedanken, Entschlüsse, Handlungen offen und ohne Rückhalt vor der Welt. Ob es mir fruchte oder schade, daß ich sie aufgedeckt habe, berechne ich nicht. Gelangen diese Blätter auf ein kommendes Geschlecht, so lese es in meinem längst schon stillgestandenen Herzen. So lange ich aber den Athem ziehe, will ich froh sein, gethan zu haben, was ich that und das fühle ich getrost, was von meinen Arbeiten mich selbst überdauern kann, daß es dadurch nicht verlieren, sondern gewinnen werde."

Die Sorge für die Zukunft wurde den Göttinger Sieben durch das Mitgefühl ihrer deutschen Landsleute sehr erleichtert. Schon auf die Nachricht von ihrem kühnen Schritte hatte sich zu Leipzig ein Comité gebildet, das zu ihrer Unterstützung aufforderte, falls sie in ihrem Kampfe für Recht und Ehre ihres Amtes verlustig gehen sollten *). An der Spitze dieses Comité's standen einige angesehene Leipziger Kaufleute, die Chefs mehrerer der bedeutendsten Buchhändlerfirmen, wie Karl Reimer, Salomon Hirzel, Otto Wigand und mehrere Gelehrte. Als nun die Amtsentsetzung und Ausweisung wirklich erfolgte, beschränkte man sich nicht darauf, den Sieben von allen Seiten Adressen zu übersenden, die in begeisterten Worten die Zustimmung der deutschen Landsleute zu ihrem mannhaften Verhalten aussprachen. Auch von den Bürgern Hanau's, der Vaterstadt der Grimms, empfingen sie eine solche ehrende Zuschrift. Man gründete vielmehr von Leipzig aus den sogenannten „Göttinger Verein", der in den meisten bedeutenderen Städten Deutschlands Vertreter zählte, und bald so ansehnliche Summen für die Vertriebenen aufbrachte, daß diese die Nahrungssorgen für die nächsten Jahre von sich abgewandt sahen.

Mußte auch die Presse auf obrigkeitlichen Befehl die Thätigkeit des Vereins todtschweigen, so erreichte er doch seinen Zweck vollkommen. Nach fünfjährigem Bestehen löste er sich im Jahre 1842 auf, als die Existenz der Sieben wieder eine gesicherte geworden war. Seine erfolgreiche Wirksamkeit hatte in Deutschland zum ersten Male bewiesen, daß die Nation ihre Streiter für Recht und Wahrheit nicht im Stiche lasse.

---

*) Springer, Dahlmann II, 5 ff.

Aus den Briefen Jacobs und Wilhelms, die aus der Zeit ihres dritten Kasseler Aufenthalts bekannt geworden sind, geht hervor, daß sie sich im Hause ihres Bruders bald wieder heimisch fühlten. Man würde übrigens das Wesen der Brüder ganz falsch beurtheilen, wenn man glauben wollte, daß sie nun etwa den Mittelpunkt des politischen Lebens in Kassel gebildet hätten. In jenen Jahren schrieb Jacob Grimm an Lachmann*): „Hätten wir Protestanten die Sitte des klösterlichen Lebens ohne anderen Mönchsdienst, so brächte ich darin gern vor dem Andrang der Leute meine übrigen Tage, die sich leicht umspannen lassen, geborgen zu. Es ist so meine Natur, daß ich aus Umgang und Lehre immer weniger gelernt habe, als durch mich selbst. Den Gesellschaften abgeneigter hat mich auch das gemacht, daß fast alle Gespräche auf unsere öffentlichen Angelegenheiten mit unendlichen Wiederholungen führen, was mir fast das Peinlichste an der Sache ist." Anfänglich zwar waren die Brüder zweifelhaft, ob sie in Kassel bleiben könnten. Sie dachten an Leipzig als Wohnort.

Im Mai 1838 schickte Wilhelm an Anna von Arnswaldt, geb. von Haxthausen, Jacobs Schrift über seine Entlassung und theilte ihr mit, daß Herr von Waitz, der eben aus Berlin zurückgekommen sei, ihm erzählt habe, Bettina von Arnim sei so von der Schrift entzückt, daß sie dieselbe durchaus ins Englische übersetzen wolle. Am Schlusse des Briefes**) erfahren wir, wie die Mutter des Kurprinzen, die hochherzige Kurfürstin Auguste, die damals

---

*) Der Brief ist mitgetheilt von Herman Grimm im Anhange zur Rede Jacobs auf Wilhelm. Kl. Schr. I., 181 f.; dann in H. Grimms „Fünfzehn Essays." 3. Folge. S. 226 ff. und der „Auswahl" S. 141 ff.

**) Freundesbriefe von W. und J. Grimm, herausgegeben von A. Reifferscheid. Heilbronn 1878, S. 152.

in dem kleinen Schlosse Schönfeld bei Kassel wohnte, über die Brüder dachte. Wilhelm schreibt: „Die Kurfürstin ist unverändert wohlwollend und edelgesinnt; ihr Urtheil über unsere Denkungsart und Handlung ist so, daß es uns nicht zur Schande gereicht, dafür aber auch nicht die Censur in Hannover passiren würde."

Damals machte der Archivar Dr. G. Landau, der bekannte hessische Geschichtsforscher, einen wichtigen literarischen Fund. Auf dem Pergamentumschlage eines aus dem sechzehnten Jahrhundert stammenden Melsunger Rentereibuches entdeckte er ein Bruchstück einer Handschrift des Liedes von Reinhart Fuchs. Landau ließ den Fund durch den Bibliothekssecretär Dr. Schubart Jacob Grimm überreichen. Dieser erkannte sofort, daß die Handschrift, welche dem zwölften Jahrhundert angehört, um mindestens ein halbes Jahrhundert älter sei, als die Ueberarbeitung des Gedichts, welche er 1834 bei seiner Ausgabe für die älteste angesehen hatte. Er sah, daß er etwa ein Drittel des alten unüberarbeiteten von Heinrich dem Glichesaere verfaßten Gedichtes vor sich habe. In einem „Sendschreiben" an Karl Lachmann, das 1840 erschien, veröffentlichte er das Bruchstück. Die Einleitung schilderte alle Einzelheiten des Fundes, nennt aber des Finders Landau Namen nicht, ganz im Gegensatze zu der sonst bekannten Sinnesart Jacobs, der auch für die kleinste Gefälligkeit, die man ihm erwies, stets ein dankbares Herz hatte und seiner Dankbarkeit, wo er konnte, Ausdruck gab. Allein er wußte, daß er Landau einen Gefallen that, wenn er seinen Namen nicht nannte, um ihn nicht in Ungelegenheiten mit seinen Vorgesetzten zu bringen. Man hatte ja auch schon deutlich am Verhalten der kurfürstlichen Regierung im hessischen Landtage gesehen, wie unbequem ihr der

Aufenthalt der Brüder in Kaſſel war, und wie ſie es ver=
mied, die günſtige Gelegenheit zu benutzen, um ſie dem
Heimathlande wiederzugewinnen. Bereitwillig hatte ſchon
am 6. Januar 1838 auf einen Antrag ihres Vicepräſi=
denten, des Profeſſors H. E. Endemann aus Marburg,
die Ständeverſammlung ſich erboten, der Regierung Mittel
zur beſſeren Dotirung der Landesuniverſität, der Landes=
bibliothek und des Kaſſeler Staatsarchivs zu verwilligen,
in der ausgeſprochenen Abſicht, daß dann den beiden Lands=
leuten an einem dieſer Inſtitute eine ihren Wünſchen und
Verdienſten entſprechende Stellung angeboten werde, die ſie
auch gewiß nicht ausgeſchlagen hätten. Aber der Landtags=
commiſſar Obergerichtsrath Scheffer, der ſpätere Miniſter,
erklärte im Namen des Miniſteriums ein ſolches Anerbieten,
das darauf hinausgehe, beſtimmte Perſonen im Staatsdienſte
zu beſtellen, „für einen Uebergriff des Landtags in die von
der Regierung zu wahrenden Rückſichten und Befugniſſe" *).
Damit war die Sache erledigt und wenigſtens die heſſiſchen
Abgeordneten wußten ſich ſpäter von aller Verantwortlich=
keit frei, als man die Brüder von Neuem in ein anderes
Land ziehen ließ.

Mit ungebeugtem Muthe verſenkten ſich die Grimms
auch in Kaſſel wieder in ihre wiſſenſchaftliche Thätigkeit.
Auf der Jahresverſammlung des Vereins für heſſiſche
Geſchichte und Landeskunde ſprach Jacob am 15. De=
cember 1838 über heſſiſche Ortsnamen. Er knüpfte an einen

---

*) Kurheſſiſche Landtagsverhandlungen von 1836 bis 1838,
4. Band Nr. 99 S. 46 und Nr. 106 S. 2. — Nach der Darſtellung
Wippermanns, „Kurheſſen ſeit den Freiheitskriegen" S. 403, ſieht
es ſo aus, als ob der damalige Miniſter von Hanſtein ſelbſt dieſe
Erklärung abgegeben habe, was aber nicht der Fall iſt.

schönen Aufsatz Vilmars *) an, der diesen Gegenstand behandelte, und wies darauf hin, wie großer Gewinn für die Culturgeschichte aus einer richtigen Verfolgung der alten Namensformen zu ziehen sei **). Später hat ein Schüler und Landsmann Jacob Grimms, der im vorigen Jahre zu Marburg verstorbene Professor Wilhelm Arnold, den Gedanken des Meisters wieder aufgenommen und in seinem ausgezeichneten Werke „Ansiedelungen und Wanderungen deutscher Stämme. Zumeist nach hessischen Ortsnamen" in mustergültiger Weise durchgeführt.

Während des neuen Aufenthaltes in Kassel gab Wilhelm Grimm das „Rolandslied" des Pfaffen Konrad und den „Wernher vom Niederrhein" sowie „Die goldene Schmiede" und den „Silvester" Konrads von Würzburg heraus. Von Jacob erschienen unter anderem die mit Schmeller unternommene Ausgabe lateinischer aus deutschen Sagen entsprungener Gedichte des zehnten und elften Jahrhunderts, die der beiden angelsächsischen Gedichte „Andreas" und „Elene", die Neubearbeitung des Vocalismus seiner deutschen Grammatik und die beiden ersten Bände der „Weisthümer", die eine willkommene Ergänzung seiner „Rechtsalterthümer" bildeten. Es war der Anfang einer später sieben Bände stark gewordenen Sammlung ***) von urkundlichen Rechtserkennt-

---

*) „Die Ortsnamen in Kurhessen. Ein grammatisches Fragment." Zeitschr. des Vereins f. hess. Gesch. Aeltere Folge I, 237—282.

**) Der Vortrag J. Grimms erschien 1840 in der „Zeitschrift des Vereins f. hessische Geschichte." Aeltere Folge II, 132 ff. Er ist auch in seine „Kleineren Schriften" V, 297 ff. aufgenommen.

***) Sie erschien zu Göttingen von 1840—1878. Mitarbeiter waren E. Dronke, H. Beyer, G. L. v. Maurer, R. Hildebrand, F. X. Kraus, Müller und Richard Schröder. Besonders der letztgenannte Gelehrte hat sich um die Vollendung und Nutzbarmachung der Sammlung die größten Verdienste erworben.

niſſen und Rechtserklärungen aus dem Bereiche des deutſchen
Landvolkes, von Gemeinden, Genoſſenſchaften oder Schöffen=
Collegien ausgehend, die bis ins dreizehnte Jahrhundert
zurückreichen und ſowohl für die Entwicklung des deutſchen
Rechts von größter Wichtigkeit ſind als ſie auch eine Fülle
von ſprachlichen und antiquariſchen Belehrungen enthalten
und zugleich tiefe Blicke in Glauben und Sitte unſeres
Volkes geſtatten.

Jedoch das berühmteſte wiſſenſchaftliche Unternehmen,
welches damals in Kaſſel von den Brüdern beschloſſen und
begonnen wurde, war das große deutſche Wörterbuch.
Nachdem der Gedanke eines ſolchen mit mehreren Freunden
brieflich erörtert worden war, erſchien im März 1838
einer der beiden Beſitzer der Weidmannſchen Buchhandlung
in Leipzig, Karl Reimer, mit dem Profeſſor Moriz
Haupt in Kaſſel und beſprach mit ihnen einen Vertrag
wegen der Ausführung des Werkes. Im Sommer reiſte
Jacob Grimm nach Leipzig, um die Beſprechung fortzuſetzen;
auch hoffte er, an der dortigen Univerſität eine Stellung
zu finden *). Letztere Hoffnung erfüllte ſich nicht; dagegen
wurde mit dem Beginne der Vorarbeiten für das Wörter=
buch nun Ernſt gemacht. Aber noch vierzehn Jahre dauerte
es, bis 1852 die erſte Lieferung deſſelben erſcheinen konnte.
Von dem Umfange der wiſſenſchaftlichen Correſpondenz, den
das großartige Unternehmen erforderte, erhält man eine
Ahnung, wenn man hört, daß dreiundachtzig Gelehrte den
Brüdern dafür Auszüge aus einer großen Menge von
Werken aus vier Jahrhunderten lieferten, und daß dieſe
Auszüge auf mehr als 600,000 Zetteln enthalten waren **).

---

*) Briefwechſel mit Meuſebach. Anhang S. 265
**) M. Haupt, „Gedächtnißrede auf Jacob Grimm", gehalten in

Für jedes Wort sollte die älteste zu ermittelnde historische Bedeutung nachgewiesen und nicht nur der Sprachschatz der Gegenwart, sondern auch der Einblick in die Entwicklung des Neuhochdeutschen seit seinen Anfängen geboten werden. Das Werk sollte ermöglichen, die Sprache Luthers und seiner Zeitgenossen zu erkennen, entnahm daher seine Citate den deutschen Schriftstellern seit der zweiten Hälfte des fünfzehnten Jahrhunderts. Jacob Grimms Meinung war, „das Wörterbuch könne zum Hausbedarf und mit Verlangen oft mit Andacht gelesen werden. Warum, schreibt er, sollte sich nicht der Vater ein paar Wörter ausheben und sie Abends mit den Knaben durchgehend zugleich ihre Sprachgabe prüfen und die eigene auffrischen. Die Mutter würde gern zuhören."

Hinsichtlich dieser Wirkung des Wörterbuchs täuschte er sich. Das deutsche Wörterbuch sowohl als seine deutsche Grammatik setzen überall Leser mit Gymnasialbildung voraus. Volksbücher können und werden sie niemals werden. Das schmälert aber ihren hohen Werth nicht, und die Dankbarkeit gegen die Männer, die uns mit solchen wissenschaftlichen Schätzen beschenkten, ist darum keine geringere. Von dem Erscheinen des ersten Bandes des Wörterbuchs und vom Fortgange des Unternehmens bis zur Gegenwart wird nachher noch in aller Kürze zu sprechen sein, wenn Jacob Grimms in den Tagen seines Alters gedacht wird.

Der Gedanke, der Ausführung des Wörterbuchs ganz und gar ihre Kräfte zu widmen und auf alle sich bietenden Aussichten zu neuer Anstellung im Staatsdienste Verzicht zu leisten, erfüllte die Brüder längere Zeit. Zwar

der Berliner Akademie der Wissenschaften am 7. Juli 1864. Opuscula III, 199.

war Bettina von Arnim, die treue Freundin, die auch die Vertriebenen in Kassel besuchte, unausgesetzt thätig, für sie in Berlin den Boden zu ebenen und sie dem preußischen Staate zu gewinnen. Aber ihre Bemühungen würden damals, auch wenn sie in Berlin Erfolg gehabt hätten, bei den Brüdern selbst auf Widerstand gestoßen sein. Am 11. August 1838 schreibt Jacob Grimm nach seiner Rückkehr von Leipzig an Bettina *): „Nachdem sich Preußen so kleinmüthig und beengt in der hannöverschen Angelegenheit erwiesen hat und erweist, spüre ich keine rechte Lust in mir, ihm meine Dienste zu weihen. Ich habe Preußen ehrlich und aufrichtig geliebt, aber es läßt in dieser wichtigen Sache Deutschland und sich selbst im Stiche." Ja die Brüder gingen noch weiter. Savigny und Lachmann hatten auf Meusebachs Betrieb in Anregung gebracht, daß die Berliner Akademie der Wissenschaften das Unternehmen des deutschen Wörterbuchs mit Geldmitteln unterstütze. Diese Unterstützung ward von den Brüdern abgelehnt, weil, wie Wilhelm an Bettina schrieb **), „sie das Brod nicht essen wollten, von dem sie noch nicht wüßten, ob sie es verdienen würden." Sie hatten keine Lust, die Subvention der Akademie anzunehmen, wenn sie der Genehmigung einer Regierung bedurfte, deren Minister des Innern, Herr von Rochow, im Januar 1838 durch ein Rescript, an Elbinger Bürger gerichtet, worin sich auch der so bekannt gewordene Passus von der „beschränkten Einsicht der Unterthanen" befand, die Mißbilligung der Handlungsweise der Göttinger Sieben öffentlich ausgesprochen hatte ***).

---

*) Briefwechsel mit Meusebach. Anmerkung zum Ganzen S. 284.
**) a. a. O. S. 287.
***) Springer, F. C. Dahlmann II, 9 ff.

Diese Verhältnisse änderten sich jedoch, als am 7. Juni 1840 König Friedrich Wilhelm III. die Augen schloß und sein ältester Sohn als Friedrich Wilhelm IV. den Thron Preußens bestieg. Von seiner hohen Begabung, von seinem tiefen Verständniß für Kunst und Wissenschaft erwartete nicht allein das preußische Volk, sondern auch die gesammte deutsche Nation Großes. Und in der That: die ersten Jahre seiner Regierung schienen danach angethan, als ob der edle Fürst alle Hoffnungen erfüllen würde, die man in ihn setzte. Geschlagene Wunden zu heilen, geschehenes Unrecht zu sühnen, mit ächt königlicher Großmuth zu vergessen und zu vergeben, in solchen Grundsätzen bewegte sich die innere Politik des neuen Herrschers. Zu denjenigen seiner Regierungshandlungen, denen, man kann wohl sagen, fast ganz Deutschland zujauchzte, gehörte die Wiedereinsetzung des greisen Ernst Moritz Arndt in seine Bonner Professur, die Berufung der Brüder Grimm nach Berlin und die Ernennung Dahlmanns zum Lehrer an der Bonner Hochschule.

Wir sind heute in der Lage, durch die Veröffentlichung mehrerer der Briefe, die Friedrich Wilhelm IV. noch als Kronprinz an Bettina von Arnim richtete, das warme Interesse zu erkennen, welches der Fürst für das Brüderpaar hegte*). Im April 1840 schreibt er: „Ich beschäftige mich gern mit jenen Grimmen, habe manche Lanze für sie gebrochen und manches vergeblich zu ihrem Besten anzuregen gesucht." Und etwa vier Wochen später sagt er**): „Ich habe seit Jahren, an sogenannten „rechten Orten" wiederholt den Wunsch geäußert, Ihre Freunde hier zu

---

*) Briefwechsel mit Meusebach. Anhang S. 291.
**) a. a. O. S. 293 f.

gewinnen. — — Ich bin durchaus nicht gescheitert, nur hat man mich noch nicht landen lassen. Deshalb ist meine Hoffnung und mein Entschluß, immer wieder Versuche zu machen, ungebrochen. Die Blicke, die Sie mir in Herz und Sinn der Beiden gegönnt haben, erwärmen mich, wie der beste Trunk im Rheingau und steigern mein Verlangen, sie die unseren zu nennen, unsäglich." Der Schluß des Briefes zeigt den bekannten Humor Friedrich Wilhelms IV., zugleich aber auch, wie wenig Einfluß ihm damals noch zustand und wie vorsichtig er in seinen Aeußerungen sein mußte. Denn er schreibt: „Nun aber, gnädigste Frau, versprechen Sie mir, diese Zeilen so zu bewahren, daß Niemand davon erfahre: machen Sie Papilloten daraus fürs Haar Ihrer holden Töchter, die ich schön grüße; oder noch besser: verbrennen Sie sie. Glauben Sie mirs, wenn sich davon etwas herumspricht (im In= oder Auslande), so scheitr' ich gewiß. Drum helfen Sie durch Ihr Schweigen Ihren Freunden und Ihrem treu ergebnen Diener Friedrich Wilhelm." Wenn auch Bettina damals schwieg, so hat sie doch in späteren Jahren dafür gesorgt, daß ihre Freunde von diesem Schreiben Kenntniß erhielten, und wir sind der edlen Frau dafür von Herzen dankbar [*]).

Um jene Zeit betheiligte sich Wilhelm Grimm an der von ihr veranstalteten Gesammtausgabe der Werke ihres verstorbenen Gemahls Achim von Arnim. 1840 schickte er ihr die vierte Auflage der Märchen mit einer Widmung,

---

[*]) Der früher oft verkannte Charakter Bettinens erscheint heute in wesentlich anderem Lichte. Zu seiner Würdigung haben besonders G. v. Loeper, Allg. D. Biogr. II, 578 ff., und Herman Grimm, im Goethe-Jahrbuch I, 1—16 (auch abgedruckt in „Goethes Briefwechsel mit einem Kinde" 3. Aufl. S. XI—XXIV und in den „Fünfzehn Essays", 3. Folge S. 272 ff.) beigetragen.

in der es heißt: „Seit jener verhängnißvollen Zeit, die unser ruhiges Leben zerstörte, haben sie mit warmer Treue an unserem Geschicke theilgenommen und ich empfinde diese Theilnahme ebenso wohlthätig als die Wärme des blauen Himmels, der jetzt in mein Zimmer hereinblickt, wo ich die Sonne wieder am Morgen aufsteigen und ihre Bahn über die Berge vollenden sehe, unter welchen der Fluß glänzend herzieht. Die Düfte der Orangen und Linden dringen aus dem Park herauf und ich fühle mich in Liebe und Haß jugendlich erfrischt. Kann ich eine bessere Zeit wünschen um mit diesen Märchen mich wieder zu beschäftigen? Hatte ich doch auch im Jahre 1813 an dem zweiten Band geschrieben, als wir Geschwister von Einquartierung bedängt waren und russische Soldaten neben in dem Zimmer lärmten, aber damals war das Gefühl der Befreiung der Frühlingshauch, der die Brust erweiterte und jede Sorge aufzehrte."

In neuerer Zeit ist zum Theil bekannt geworden *), welche Hindernisse sich der Berufung der Brüder nach Berlin auch noch in den Weg stellten, als der Kronprinz den Thron seiner Väter bestiegen hatte. Bettina fand übrigens an Alexander von Humboldt einen vortrefflichen Bundesgenossen. Im November 1840 war alles gelungen und Jacob Grimm erhielt von dem neuen Cultusminister Eichhorn, mit dem er fünfundzwanzig Jahre vorher zu Paris im Auftrage des Fürsten Hardenberg im Aufsuchen von geraubten Handschriften thätig gewesen war, ein Schreiben, das mit folgenden Worten begann **):

„Je theurer mir das Andenken an das Verhältniß, in welches ich zu Ew. Hochwohlgeboren durch günstige

---

*) Vgl. darüber Springer, Dahlmann II, 101 ff., und den Briefwechsel mit Meusebach, Anhang S. 276 ff.
**) a. a. O. Anhang S. 296 f.

Fügungen früher gestellt ward, immer geblieben ist, um so eiliger ergreife ich eine gleich nach Uebernahme meines jetzigen Amtes sich mir darbietende Veranlassung, Ihnen einen unzweideutigen Beweis meiner unveränderten, Ihnen gewidmeten Theilnahme zu geben. Seine Majestät der König haben Ihre und Ihres Herrn Bruders verdienstliche schriftstellerische Leistungen auf dem Gebiete der deutschen Sprachforschung, schönen Literatur und Geschichte seit Jahren Allerhöchstdero vorzüglichen Aufmerksamkeit gewürdigt und Allerhöchstdieselben sind dadurch zu dem Wunsche bestimmt worden, daß Sie nebst Ihrem Herrn Bruder in den Stand gesetzt werden, die große und überaus schwierige Aufgabe, welche Sie sich in der Ausarbeitung eines vollständigen kritischen Wörterbuchs der deutschen Sprache gestellt haben, hier in sorgenfreier Muße unter Benutzung der sich Ihnen in der Hauptstadt darbietenden Hülfsmittel und Fördernisse zu lösen." — . —

Zwar war keine Professur an der Universität Berlin vacant, da aber Jacob Grimm ordentliches Mitglied der Berliner Akademie der Wissenschaften war, so stand ihm als solchem auch das Recht zu, an der Universität Vorlesungen zu halten. Für seinen Bruder sollte die Möglichkeit dazu auch alsbald gefunden werden. Als Gehalt wurden jedem zweitausend Thaler angeboten. Ohne Zaudern nahmen die Brüder den ehrenvollen Ruf an. Jacob reiste bald darauf nach Berlin. Ueberall ward er auf das Herzlichste aufgenommen, besonders, wie sich denken läßt, bei Bettina, Lachmann, Savigny und Meusebach. Außerdem erhielt er die angenehme Nachricht, daß der König den ursprünglich für ihn und Wilhelm ausgesetzten Gehalt von zweitausend auf je dreitausend Thaler erhöht habe, so daß beide von nun an ohne alle Nahrungssorgen nur der Wissenschaft leben konnten. Bald konnte auch Karl Lachmann dem nach Kassel Zurückgekehrten melden, daß die Berliner Akademie auch Wilhelm Grimm zum ordentlichen Mitgliede erwählt habe, mithin auch diesem die Veranstaltung von Vorlesungen an der Hochschule gestattet sei *).

In den Kreisen der hessischen Landsleute mußte es mit hoher Genugthuung begrüßt werden, daß ein deutschgesinnter König in solchem Maße die Verdienste der Brüder anerkannte und seiner Hauptstadt in ihnen einen neuen Schmuck zu verleihen beschloß. Aber auch der Wehmuth ward Ausdruck gegeben, daß das engere Vaterland seine berühmtesten Söhne von Neuem in die Ferne ziehen ließ. Aus dem Munde eines hessischen Dichters ward den deutschen „Dioskuren", wie er das edle Brüderpaar nannte, der Scheidegruß zugesandt. Wenige Monate vorher hatte Franz Dingelstedt sein herrliches „Osterwort" für den gefangenen Sylvester Jordan vergeblich dem Kurprinzen-Mitregenten zugerufen. Jetzt führte er mit ernsten Versen den Hessen vor die Seele, was sie an Jacob und Wilhelm Grimm besaßen und was sie mit ihnen verloren.

> „Sie bleichten nicht, als rings in Finsternissen
> Für sie umwölkt der fremde Himmel war,
> Was um sie auch zerstoben und zerrissen,
> Ihr Schimmer blieb unwandelbar und klar;
> Männer im Thun, nicht Männer bloß im Wissen,
> So boten sie die Stirne der Gefahr,
> Treu jenem Eid, den sie gemeinsam schwuren,
> Furchtlos und frei wie rechte Dioskuren."

Dem Hessenlande aber ruft des Dichters Stimme, nur zu wahr, voll Trauer zu:

---

*) Briefwechsel mit Meusebach. Anhang S. 281.

„Nun klage nicht, wenn sie aufs Neue gehen,
Du hasts gewollt, Dir waren sie zu groß.
Den Baum entsprießen und nicht wipfeln sehen,
Ist ja Dein altes, oft gebüßtes Loos,
Und wieder wird in Deiner Chronik stehen:
Es gab sich seiner schönsten Zierde bloß."

Doch mit freudiger Begeisterung preist der Schluß des Gedichts die Zukunft, welche den Brüdern winkt. Auch dem hessischen Poeten steht das Gesammtvaterland höher als der Ruhm der Heimath, wenn er verkündet:

„Ja dort, wohin sie Königs Wort berufen,
Erhaben über Furcht und bösen Schein,
Versammelt sich um eines Thrones Stufen
Die neue Zeit in dichten lichten Reihn,
Und was sie hier gestört und einzeln schufen,
Dort wirds erkannt, dort wirds vollendet sein;
Denn östlich blaut ein Himmel, fest, azuren
Und weit, ein Vaterland der Dioskuren."

Noch kein Jahr ging vorüber, so nahm auch Dingelstedt Abschied von seinem hessischen Heimathlande.

Am 25. April 1841 konnte Wilhelm Grimm an Dahlmann die glücklich bewerkstelligte Uebersiedelung nach Berlin melden und ihm mittheilen, wie freundlich sie von Eichhorn und Humboldt, wie gütig von dem Könige aufgenommen worden seien, der sie in besonderer Audienz in seinem Cabinet empfangen und wiederholt herzlich willkommen geheißen habe *).

Das Vorurtheil, welches anfänglich beide Brüder gegen Berlin und das Berliner Leben hegten, schwand, wie wir aus ihren eigenen Aeußerungen und denen ihrer nächsten Anverwandten wissen, mit den Jahren immer mehr. Ja sie gewannen die Stadt und den Kreis ausgezeichneter

---

*) Briefwechsel mit Meusebach. Anhang. S. 281 f.

Männer und Frauen, in dem sie dort lebten, geradezu lieb. Ihre bevorzugte Stellung gewährte ihnen nicht nur Freiheit von Sorgen, sondern auch Gelegenheit zu ungestörtem Studium und noch weit mehr wissenschaftliche Hülfsmittel als einstmals Kassel in den glücklichen Tagen, die sie dort mit Völkel verlebt hatten *). Mit Dankbarkeit gedachten sie jeder Zeit des edlen Monarchen, dem sie ihre glückliche Lage verdankten. Aber auch der hessischen Heimath blieben sie unwandelbar treu. Hessens Wohl und Wehe, von dem sie mehr das letztere als das erstere zu schauen Gelegenheit hatten, ward von ihnen stets auf das Herzlichste mitempfunden. Jeder Landsmann, der ihnen empfohlen war, konnte des freundlichsten Empfangs in ihrem Familienkreise versichert sein; die Stätten ihrer Jugenderinnerungen, Hanau, Steinau, Marburg, Kassel, die sie öfters besuchten, riefen in ihnen immer das lebhafteste Interesse selbst bei der Erzählung unbedeutender Dinge hervor, die sich dort zugetragen hatten.

Fast zwanzig Jahre wirkten beide noch gemeinsam in Berlin. Von Stürmen und Schicksalsschlägen war diese letzte Periode ihres Lebens so gut wie ganz frei. An der Berliner Universität hielten die Brüder nur einige Jahre Vorlesungen; dagegen fehlten sie äußerst selten bei den Sitzungen der Akademie der Wissenschaften, deren Schriften auch zahlreiche und werthvolle Beiträge von ihrer Hand enthalten. Die in der Akademie gehaltenen Reden Jacobs gehören nach Inhalt und Form zu den Meisterstücken deutscher Prosa; sie zeigen ihn, wie er mit überlegener Ruhe und Umsicht auf das ungeheure von ihm durchforschte

---

*) Herman Grimm, Fünfzehn Essays. 3. Folge. S. 299 und „Auswahl" S. 143 f.

Gebiet herniederschaut; sie lassen aber auch nicht minder
den guten und edlen Menschen erkennen, dem keine Tugend
fremd ist, die das Dasein erhellt und verschönt. Zwei
Reisen, nach Italien und Schweden, 1843 und 1844 unter=
nommen, gaben ihm erwünschte Gelegenheit, seine auf diesen
Fahrten gewonnenen Eindrücke zu schildern und feinsinnige
Bemerkungen über das Volksleben und die Sprache der
Italiener und Scandinavier niederzuschreiben.

In weiten Kreisen des deutschen Volkes ward wiederum
Jacob Grimms Name genannt in den Jahren 1846 und
1847. Auf Anregung einiger Gelehrten, darunter namentlich
Reyschers in Tübingen, des 1842 nach Bonn berufenen
Dahlmann und Wuttke's in Leipzig, beschloß man nach
dem Vorgange der deutschen Naturforscher und Philologen
auch eine Versammlung der Germanisten zu berufen,
worunter man alle die verstand, welche sich mit der Pflege
des deutschen Rechts, der deutschen Geschichte und Sprache
befaßten *). Der Vorschlag fiel auf fruchtbaren Boden.
Durch die Vereinigung von Männern, die auf den verschie=
densten Gebieten des öffentlichen Lebens thätig waren, wurde
diesen Zusammenkünften von vornherein ein nationaler
Charakter aufgeprägt. Es blieb nicht bei Vorträgen und
Besprechungen über die einzelnen Fachwissenschaften, sondern
es kam dort sehr bald zur Sprache, was das ganze deutsche
Volk lebhaft bewegte. Das gute Recht Schleswig=Holsteins,
das König Christian VIII. von Dänemark damals nach
Erlaß seines „Offenen Briefes" zu unterdrücken suchte, ist
zu Frankfurt a. M. zum ersten Male laut und nach=
drücklich vor ganz Deutschland verfochten worden, als dort
die erste Germanistenversammlung tagte. Die Bilder
unserer Kaiser im alten Saale des „Römers" blickten am

---

*) Springer, Dahlmann II, 178 ff.

24. September 1846 nieder auf zweihundert der ausgezeichnetsten deutschen Männer und athemlose Stille herrschte, als Ludwig Uhland das Wort ergriff *). „Mir scheint", so sprach er, „daß die erste Wahl des Vorstandes ohne Verzögerung vor sich gehen kann; ferner ist mir ein Wunsch mitgetheilt worden, dem ich selbst mit besonderer Freude die Stimme gebe, daß durch diese Wahl ein Mann berufen werden möchte, in dessen Hand schon seit so vielen Jahren alle Fäden deutscher Geschichtswissenschaft zusammenlaufen, von dessen Hand mehrere dieser Fäden zuerst ausgelaufen sind, namentlich der Goldfaden der Poesie, den er selbst in derjenigen Wissenschaft, die man sonst als eine trockene zu betrachten pflegt, im deutschen Recht, gesponnen hat; es ist mir der Wunsch mitgetheilt worden, daß dieser Mann durch Zuruf zum Vorstande dieser Versammlung berufen werden möchte. Ich brauche kaum den Namen Jacob Grimm zu nennen." Stürmischer Beifall folgte diesem Vorschlage und Jacob Grimm übernahm unter herzlichen Dankesworten für die ihm erwiesene Ehre das Präsidium. Er eröffnete die Verhandlungen mit einem herrlichen Vortrage über die Wechselbeziehungen der drei auf der Versammlung vertretenen Wissenschaften: der Rechts-, Geschichts- und Sprachwissenschaft. Von seiner Vaterlandsliebe und seiner Toleranz zeugt darin besonders eine Stelle, die wir allezeit im Gedächtniß halten müssen, wenn wir uns sein Bild vor die Seele führen wollen.

„Fern von unserer Zusammenkunft", so sprach er **), „sei jener Unterschied zwischen Nord- und Süddeutschen, den man einen thörichten, die Gemüther verletzenden nennen

---

*) Verhandlungen der Germanisten in Frankfurt a. M. Frankfurt. 1847. S. 10 f.
**) a. a. O. S. 17 und „Auswahl" S. 338 f.

darf, der nur Sinn erhält, insofern es zuweilen frommen mag, norddeutsche Fehler und Tugenden mit süddeutschen zu vergleichen oder bequem scheint, in kurzem Ausdruck zusammenzufassen, was die verschiedenen Stämme auszeichnet. Kein solcher Unterschied kann hier bei uns auftauchen. Ebenso wenig darf etwas in unsere Versammlung einfließen von jenem unseligen Glaubenshaber, der in unserer Zeit die Menschen verwirrt nnd von einander abwendet. Unsere Vorfahren sind Deutsche gewesen, ehe sie zum Christenthum bekehrt wurden; es ist ein älterer Zustand, von dem wir ausgehen müssen, der uns untereinander als Deutsche in ein Band vereint hat, das durch die Scheidung der Katholiken und Protestanten nicht zerrissen werden kann.

— — Gott läßt seine Sonne über allen Menschen leuchten: er will sie nicht einander gegenüberstellen, wie von denen zuweilen geschieht, die uns Gottes Wort verkündigen. Kein Glaubenszwiespalt darf ein großes Volk, das sich wieder fühlt und aufrecht erhalten will, veruneinigen."

Und auf derselben Germanistenversammlung entwickelte Wilhelm Grimm ausführlich den Plan und die bisher gelieferten Vorarbeiten zum deutschen Wörterbuche. „Es beginnt mit Luther", so lauteten seine Worte, „uud schließt mit Goethe. Zwei solche Männer, welche, wie die Sonne dieses Jahres den Wein, die deutsche Sprache beides, feurig und lieblich, gemacht haben, stehen mit Recht an dem Eingang und dem Ausgang."

Auch im folgenden Jahre 1847, wo die Germanistenversammlung in Lübeck tagte, ward Jacob Grimm wiederum zum Vorsitz berufen. Unvergeßlich blieb es allen Theilnehmern, wie er bei dem Festmahle zu Travemünde auf einen Trinkspruch dankte[*]), der ihn als den Herrscher

---

[*]) Springer, Dahlmann II, 185.

in drei Reichen, dem des Rechts, der Geschichte und der Sprache, begrüßt hatte. Mit tiefster Bewegung antwortete Jacob Grimm: „Ueber mich wird bald Gras wachsen. Wird dann meiner noch gedacht, so wünsche ich, daß man von mir sage, was ich selbst von mir sagen darf, daß ich niemals im Leben etwas mehr geliebt habe, als das Vaterland." Von Rührung überwältigt sank er bei diesen Worten Dahlmann, dem alten Freunde und Mitkämpfer, in die Arme.

Aus jenen Tagen besitzen wir auch noch ein anderes schönes Bild, von Jacob Grimms eigener Hand entworfen. Es belehrt uns über seine Beziehungen zu seinem einstmaligen Lehrer und ältesten Freunde.

Seit 1842 war Friedrich Karl von Savigny preußischer Minister. Das Vertrauen König Friedrich Wilhelms IV. in seine legislatorische Kraft hatte für ihn ein besonderes, vom Justizministerium abgezweigtes Ministerium für Gesetzesrevision geschaffen, das er bis 1848 bekleidete. Wie auch er sich für die Berufung der Brüder Grimm nach Berlin interessirt hatte und ihnen seit ihren Studentenjahren mit treuer Gesinnung zugethan geblieben war, ist schon erwähnt [*]. Zu dem Verkehr des jungen Professors von Savigny mit seinem lernbegierigen Schüler Jacob Grimm an einem Sommertage des Jahres 1803 im weißgetünchten Stübchen der Marburger Professorenwohnung am Forsthofe bildet ein prächtiges Seitenstück die Einladung des Professors Jacob Grimm zu dem Minister von Savigny auf den 15. Oktober 1847, den Geburtstag des Königs. Auch sie ist, wie jener damals 44 Jahre vergangene Sommertag

---

[*] Mit scharfen Worten weist Moriz Haupt, Opuscula III, 196 das „Geklatsch" Varnhagens von einer Agitation Savignys und Lachmanns gegen die Berufung der Brüder nach Berlin zurück und zeiht den Urheber desselben geradezu der Lüge.

zu Marburg, in der Gratulationsschrift zu Savignys fünfzigjährigem Doctorjubiläum mit liebenswürdiger Naivetät geschildert *). Jacob schreibt:

„Zur Mittagstafel bei Ihnen geladen, that ich vorher einen einsamen Gang durch den schon feucht gewordenen Thiergarten. Mein Herz aber gedachte Ihrer und hatte Freude in sich gesogen darüber, daß Ihnen eben vergönnt wurde den sechsten Band des (Systems des) römischen Rechts, von welchem seit 1841 nichts erschienen war, auszugeben und damit jede Besorgniß zu verscheuchen, das große Werk möge unbeendigt bleiben. In der Wilhelmsstraße unter rollenden Wagen angelangt ging man über breite, belegte Stufen, neben welchen ausländische Gewächse in Kästen standen, hinauf; den von Kerzen hell erleuchteten, mit Teppichen bedeckten Saal erfüllten viele, dem meisten Theil nach mir unbekannte, glänzend gekleidete Leute. Mir konnten Sie vor dem Gedränge kaum eine Fingerspitze im Handschuh reichen." Als nun Savigny an der Tafel des Königs Gesundheit ausgebracht hatte, war Jacob Grimm schon drauf und dran, einen Toast auf Savigny folgen zu lassen, in dem er seiner Freude Ausdruck verleihen wollte, daß dessen berühmtestes Werk nach langem Stocken wieder in Fluß gekommen sei. Ein neben ihm sitzender Herr, der seine Absicht merkte, machte ihn darauf aufmerksam, daß man es nach der herrschenden Sitte an diesem Tage nicht angemessen finden werde, dem Trinkspruche auf den König einen zweiten anzureihen. „Kein Zweifel", so fährt Jacob fort, „daß die Berliner Etikette vollkommen begründet stand. Inwendig aber war ich voll Ketzerei und erwog, warum nicht von dem höchsten Toast, wenn er ohne Mittel-

---

*) Kleinere Schriften I, 117 und „Auswahl" S. 93 f.

stufe seinen Gipfel erreicht habe, niedergestiegen und an einem anderen Ruhepunkt verweilt werden dürfe, wie die Strophe sich abwendet zur Gegenstrophe. Betet doch die feierliche Kirche, nachdem sie für den König gebetet hat, zugleich noch für andere. Ich hätte auch gar nicht einmal von Ihnen viel Aufhebens gemacht, nur von Ihrem Werke, ausgeführt, wie es niedergeschlagen habe, daß eine kunstvoll gegründete Burg nicht bis zur Zinne erbaut werde, von welcher endlich die Fahne herabweht, nun aber frohe Kunde erschalle, die unterbrochene Arbeit sei wieder von frischem angegriffen. An meine vorbringenden Worte hätte sich leicht eine gerührte Antwort geschlossen und die ganze vornehme Welt sich erhoben und erheitert gefunden.

Zu geschweigen nun, daß uns die alten Erinnerungen immer theurer sind als die neuen, wird mir Niemand verargen, daß ich an Ihnen im Marburger Oberrock zehnmal stärker hänge als im Ministerkleid, die frische Luft des Berges vorziehe der schwülen des Saales, die offene Ansprache der zurückgehaltenen."

So kann nur wahre Freundschaft sprechen, jene Freundschaft, die in den verschiedensten Lagen des Lebens und in allen Lebensstellungen unter edelgesinnten Naturen die gleiche bleibt.

Die beiden Germanistenversammlungen von 1846 und 1847 waren die Vorläufer des deutschen Parlaments, das schon auf der zu Lübeck von einem der Redner als Geschenk der Zukunft begrüßt wurde. Deutlich sprach sich in diesem geistig hochstehenden Kreise der Wille der Nation aus, daß das Volk entschlossen sei, in seinen berufenen Vertretern thätigen Antheil am Staatsleben zu nehmen. Rascher als irgend Jemand ahnte, brachen auch in Deutschland die Stürme von 1848 herein. Der 18. Mai jenes Jahres, an dem in der alten Kaiserstadt Frankfurt a. M. das **erste deutsche Parlament** unter den größten Hoffnungen unseres Volkes eröffnet wurde, erblickte in seinen Reihen neben vielen anderen edlen Männern auch Jacob Grimm, den die Stadt Mühlheim an der Ruhr als Vertreter entsendet hatte. Mitten in den unruhigen drangvollen Märztagen war von ihm ein neues Buch, seine „Geschichte der deutschen Sprache", vollendet worden. Sie führt bis zu den ersten Anfängen unseres Volkes, bis auf die Zeiten der Hirten, Jäger und Ackerbauer zurück und sucht unter Heranziehung der Bedeutung der einzelnen Stämme und Völkerschaften deren Mitwirkung an der Bildung des Sprachganzen festzustellen. Dieses Buch war es auch, worin er die wenig glückliche und jetzt aufgegebene Hypothese von der Identität der Geten und Gothen mit Entschiedenheit vertrat. Am 11. Juni schrieb er dazu in Frankfurt die Vorrede. Sie war Gervinus gewidmet, den er ebenso wie Dahlmann und Albrecht im Parlament getroffen hatte. Der Gang, den die Dinge in der Paulskirche nahmen, gefiel Jacob Grimm nicht. Gewohnt, nur nach seiner Ueberzeugung zu stimmen und seine Ansichten nicht denen einer Partei unterzuordnen, nahm er seinen Sitz in der Mitte des Hauses und blieb allen Fractionsversammlungen fern. Er sprach nur wenig, unter anderem einmal für Schleswig-Holstein, ein anderes Mal zum ersten Artikel der deutschen Grundrechte, als welchen er den Satz zu sehen wünschte, daß der deutsche Boden keine Knechtschaft dulde und jeden, der auf ihm weile, auch den fremden Unfreien, frei mache.

Mit Entrüstung erfüllte es ihn, wie er sah, daß die äußerste Linke mit allen durch die Geschichte geheiligten Erinnerungen und Zuständen brach. Einem Radicalen, der von geschichtlicher Entwicklung nichts wissen wollte, rief er einst zu *): „Von den Herren, die von der Geschichte nichts wissen wollen, wird die Geschichte auch nichts wissen wollen." Die Verstimmung, welche sich seiner bald bemächtigte, gibt sich auch in der Zueignung seiner „Geschichte der deutschen Sprache" an Gervinus kund. Er wußte, daß der in dieser Widmung **) angeschlagene Ton in dessen Herzen Wiederhall finde. „Es kann kommen, sagt er dem Freunde, daß nun lange Zeit diese Studien darnieder liegen, bevor das wühlende öffentliche Geräusch ihnen wieder Raum gestatten wird. Sie müssen uns dann wie ein edler und milder Traum hinter uns stehender Jugend genuthen, wenn ans Ohr der Wachenden ein roher Wahn schlägt, alle unsere Geschichte von Arminius an sei als unnütz der Vergessenheit zu übergeben und bloß am eingebildeten Recht der kurzen Spanne unserer Zeit mit dem heftigsten Anspruch zu hängen. Solcher Gesinnung ist im höchsten Grade einerlei, ob Geten und Gothen jemals gewesen seien, ob Luther in Deutschland eine feste Macht des Glaubens angefacht oder vor hundert Jahren Friedrich der Große Preußen erhoben habe, das sie mit allen Mitteln erniedrigen möchten, da doch unserer Stärke Hoffnung auf ihm ruht. Gleichviel, ob sie fortan Deutsche heißen oder Polen und Franzosen, gelüstet diese Selbstsüchtigen nach dem bodenlosen Meer einer Allgemeinheit, das alle Länder überfluthen soll. — Jetzt haben wir das Politische im Ueberschwank und während von des Volkes Freiheit, die nichts mehr hindern kann, die Vögel auf dem Dach zwitschern, von seiner heiß ersehnten uns allein Macht verleihenden Einheit

---

*) B. Denhard, die Gebrüder Grimm. S. 39.
**) Auch abgedruckt in der „Auswahl" S. 366.

kaum den Schatten. O daß sie bald nahe und nimmer von uns weiche!"

Aber die Einheit nahte nicht: im Gegentheil, die Zerrissenheit der Parteien und die Verbitterung ward von Tag zu Tage größer. Schon im August 1848 hatte Gervinus das Parlament verlassen, Jacob Grimm hielt noch bis gegen das Ende des Jahres aus. Dann ging auch er mitten in der Aufregung, die Heinrich von Gagerns Programm von einem deutschen Bundesstaate ohne Oesterreich hervorgerufen hatte. Schon bei der Abstimmung über das Programm war er wieder in Berlin bei seinen Studien. Doch fehlte er im folgenden Jahre am 26. Juni nicht in Gotha, wo die Gagernsche Partei ihre Zustimmung zu dem von Preußen ausgegangenen Verfassungsentwurfe aussprach, der zwar keinen Kaiser kannte, aber Preußens Hegemonie festhielt. Mit dem Gothaer Tage endet Jacob Grimms kurze politische Laufbahn. So wenig er aber in der Paulskirche seinen Widerwillen gegen das Treiben der Radicalen auf der äußersten Linken verborgen hatte, ebenso wenig wollte ihm nach der Wiederherstellung des Bundestages das Verfahren der Reaction gefallen. Das Schicksal seines Heimathlandes Kurhessen ging ihm sehr zu Herzen, und mehr als eine seiner Aeußerungen beweist, wie wenig er die Maßregeln billigte, durch welche dort die Opposition der verfassungstreuen Officiere und Staatsdiener mit Unterstützung des neuerstandenen Bundestages bezwungen und die Verfassung von 1831 durch eine octroyirte ersetzt wurde. Unwandelbar treu seinen Idealen von Freiheit und Recht, konnte er es nicht unterlassen, als die zweite Auflage seiner „Geschichte der deutschen Sprache" 1853 erschien, am Schluß des kurzen Vorworts mit folgenden Worten die unveränderte Gestalt des Werkes zu begründen: „Es steht also alles, wie es stand, selbst die in bewegtester Zeit abgefaßte Vorrede und Zueignung sind unangerührt geblieben, weil es mir unwürdig erscheint, nach fehlgeschlagenen edlen Hoffnungen die Gesinnung zu verläugnen, mit der ich ihnen damals angehangen habe."

Eifriger als je gaben sich die Brüder in jenen Jahren der Arbeit am „Deutschen Wörterbuche" hin. Die Fertigstellung der Buchstaben A, B, C, E und F bis zum Worte „Frucht" rührt von Jacob, die Bearbeitung des Buchstabens D von Wilhelm her. Jacob erlebte noch, daß drei Bände des gewaltigen Werkes erschienen. Seit mehreren Jahren hat bekanntlich die Regierung des deutschen Reiches die pecuniäre Sicherung der Fortsetzung in die Hand genommen und gewährt den mit der Arbeit jetzt betrauten Gelehrten *) nicht unbeträchtliche Mittel. Vollendet sind vom Wörterbuche bis jetzt vier Bände: der erste, zweite, dritte und fünfte, außerdem vom vierten die erste Abtheilung der ersten Hälfte und die ganze zweite Abtheilung. An der Beendigung der zweiten Hälfte des ersten Theiles des besonders umfangreichen vierten Bandes wird gearbeitet. Ebenso sind der sechste und siebente in Angriff genommen. Die bearbeiteten Buchstaben reichen bis zum N, das noch nicht ganz vollendet ist; auch von G und M fehlen noch Stücke. Bei der Gründlichkeit, die dem Riesenwerke gewidmet wird, mag, wenn der Tod nicht von Neuem, wie durch das Hinscheiden F. L. K. Weigands, schmerzliche Lücken in den Reihen der Mitarbeiter reißt, doch noch mehr als ein Menschenalter hingehen, bis es vollständig beendet ist. Haben dann auch andere Hände das Nationalwerk durchgeführt, das die Brüder begannen, so

---
*) Sie steht gegenwärtig unter der Leitung der Professoren R. Hildebrand zu Leipzig, M. Heyne zu Göttingen und M. Lexer zu Würzburg.

wird ihr Verdienst darum doch nimmermehr vergessen sein. Das „Deutsche Wörterbuch" bleibt stets mit dem Namen der beiden Grimms verknüpft. Mit Rührung weilt das Auge auf der Vorrede zum ersten Bande, die Jacob am 2. März 1854 in seinem siebenzigsten Jahre schrieb. Dort spricht er so zu uns:

„Deutsche geliebte Landsleute, welches Reiches, welches Glaubens ihr seid, tretet ein in die euch allen aufgethane Halle eurer angestammten uralten Sprache. Lernet und heiliget sie und haltet an ihr, **eure Volkskraft und Dauer hängt in ihr.** Noch reicht sie über den Rhein in das Elsaß bis nach Lothringen, über die Eider tief in Schleswig-Holstein, am Ostseegestade hin bis nach Riga und Reval, jenseits der Karpathen in Siebenbürgens altdakisches Gebiet. Auch zu euch, ihr ausgewanderten Deutschen, über das salzige Meer gelangen wird das Buch und euch wehmüthige liebliche Gedanken an die Heimathsprache eingeben oder befestigen, mit der ihr zugleich unsere und eure Dichter hinüber zieht, wie die englischen und spanischen in Amerika ewig fortleben."

Welche Freude würde den Greis erfüllt haben, hätte er es noch erlebt, daß seine Deutschen von den Dänen das deutsche Schleswig, von den Franzosen Elsaß und Lothringen wiedergewannen, daß die Wogen der Nord- und Ostsee eine deutsche Kriegsflotte erblicken, daß das Banner des neuerstandenen deutschen Reiches weht auf den Wällen von Straßburg und Metz!

Im Januar 1856 gratulirten die Bibliothekare der Kasseler Landesbibliothek Jacob Grimm zu seinem fünfzigjährigen Dienstjubiläum. Denn fünfzig Jahre früher, im Januar 1806, war er als Accessist beim Secretariat des kurfürstlich hessischen Kriegscollegiums mit 100 Thaler

Gehalt in den Staatsdienst eingetreten. Jacob dankte mit einem höchst liebenswürdigen Briefe*), worin er sagte:

„Sie haben einen unbedeutenden Tag aufgesucht, dessen Erinnerung mir selbst entschwunden war und von dem hier Niemand weiß. In der That ist auch meine ganze Laufbahn so zerstückt worden, daß sich keine Linie ziehen läßt, die den Beginn derselben fünfzig Jahre hindurch ununterbrochen fortführte und keine der vier Regierungen, unter welchen ich diente, wäre gehalten, diese Reihe, wie sonst wohl zu geschehen pflegt, zusammen zu fassen und mir anzurechnen. Wer kann sagen, was dem Menschen gut sei, geholfen oder geschadet habe? Ich wurde immer ausgerissen und meine Wurzeln mußten von Neuem angehen. In meiner Heimath haften, das fühle ich, meine lebhaftesten Triebe und Anregungen, ich habe dort den frischesten und glücklichsten Theil meines Lebens zugebracht, und das Andenken daran hängt bei mir fester als alles andere."

An die letzten Lebensjahre der Brüder knüpften sich keinerlei Ereignisse von störender Einwirkung auf ihr Schaffen, bis der Tod das innige Band trennte, das sie umschlang. Schmerzlich berührte sie das 1851 erfolgte Hinscheiden eines ihrer treuesten Freunde in Berlin, des großen Philologen Karl Lachmann, der, acht Jahre jünger als Jacob Grimm, durch ein Fußleiden plötzlich dahingerafft wurde. Die Rede, welche Jacob zu Lachmanns Gedächtniß in der Akademie der Wissenschaften hielt, bietet nicht allein hohes Interesse für die Erkenntniß der Entwicklung der deutschen Sprachwissenschaft, zu der Lachmann beigetragen hatte wie außer den Brüdern kein anderer Mann, sondern sie zeigt auch, wie Jacob Grimm fremdes

---

*) Das Original ist in der Kasseler Bibliothek.

Verdienst zu schätzen und zu ehren wußte. „Er war zum Herausgeber geboren", sagt er von dem Freunde, „seines Gleichen hat Deutschland in diesem Jahrhundert noch nicht gesehen." Auch der Tod Bettinas von Arnim, der bewährten Freundin, die im Anfange des Jahres 1859 starb, machte tiefen Eindruck auf das Brüderpaar. Neben diesem Schatten fehlte es aber auch nicht an Lichtblicken, welche die beiden Greise dankbar hinnahmen, weil sie wußten, daß ihre Tage gezählt seien. Dazu gehörte ohne Zweifel ein in seiner Einfachheit rührender Vorfall, der den Brüdern davon Kunde gab, wie ihr Name durch die Märchen in den Herzen der Kinderwelt fortlebe.

Ein Mädchen von etwa acht Jahren, dem Aeußeren und der Sprache nach einer gebildeten Familie angehörend, schellte eines Tages an der Thüre, die zu Jacob Grimms Wohnung führte und sagte der Dienerin, sie wünsche den Herrn Professor zu sprechen. Man glaubte, die Kleine wolle eine Bestellung ausrichten. Jacob empfing das Kind freundlich und erkundigte sich nach seinem Begehr. Sie fragte: „Bist Du es, der die schönen Märchen geschrieben hat?" „Ja, mein Kind", antwortete Jacob, „mein Bruder und ich haben die Hausmärchen geschrieben." „Dann hast Du wohl auch das Märchen vom klugen Schneiderlein geschrieben, wo es am Ende heißt: „Wer's nicht glaubt, bezahlt einen Thaler." „Das hat mein Bruder geschrieben", antwortete Jacob, der nun mit seiner Schwägerin Dortchen das Kind in Wilhelm Grimms Zimmer geleitete. Dort wiederholte es an diesen seine Frage und auf die bejahende Antwort erbat es sich die Erlaubniß, ob es aus dem Märchenbuch, das es unter dem Arm trug, etwas vorlesen dürfe. Es las dann das Märchen vom klugen Schneiderlein gut und mit natürlichem Ausdruck vor und setzte schließlich hinzu: „Nun sieh, die Geschichte glaube ich nicht, denn ein Schneider wird nimmermehr eine Prinzessin heirathen. Da ich es nun nicht glaube, so muß ich Dir einen Thaler bezahlen. Ich erhalte aber nicht viel Taschengeld und kann es nicht auf einmal abtragen." Dabei holte es aus seinem Rosagelbtäschchen einen Groschen und reichte ihn Wilhelm Grimm hin. Dieser sagte: „Ich will Dir den Groschen wieder schenken." „Nein", antwortete es, „die Mama sagt, Geld dürfe man nicht geschenkt nehmen." Dann nahm es artig von den alten Herren Abschied. Die Richtigkeit des Vorfalls ist durch einen Brief Wilhelms an Anna von Arnswaldt, geborene von Haxthausen, verbürgt *). Es sollte der letzte sein, den er ihr schrieb.

Dasselbe Jahr 1859, in dem das Kind den Märchengroschen brachte, sah ein herrliches Fest, an dem wieder, wie seit langer Zeit nicht, in unserem Volke das erhebende Bewußtsein der Gemeinschaft seiner höchsten Güter und damit seiner nationalen Zusammengehörigkeit lebendig wurde. Es war der hundertjährige Geburtstag Friedrich Schillers.

Die Rede, welche Jacob Grimm an diesem Tage in der Berliner Akademie zu Schillers Andenken hielt **), gehört zu dem Schönsten, was noch über den großen Dichter gesagt ist. Eine Vergleichung seiner Vorzüge mit denen Goethes ist wohl selten mit so tiefem Verständniß des Wesens beider gottbegabter Geister angestellt worden. Und wie erwärmt und erhebt uns der Zug der Vaterlandsliebe,

---

*) Freundesbriefe, herausgegeben von A. Reifferscheid S. 189. Der Vorgang ist hier nach den brieflichen Angaben Wilhelms und einer diese ergänzenden a. a. O. S. 253 f. abgedruckten Darstellung der „Kölnischen Zeitung" erzählt.
**) Sie ist auch in die „Auswahl" S. 301 ff. aufgenommen.

der in der Rede zu Tage tritt! So spricht Jacob Grimm: „Fremde Dichter können uns lange gefallen, sie waren aber immer noch nicht die rechten und sobald der rechte in unserer Mitte erschienen ist, müssen sie weichen. Auf weltbürgerlicher Stelle mag ich bewundern, was das Ausland, was das Alterthum erzeugte; von Kindesbeinen an stehen uns griechische und römische Muster als Mahner oder Hüter zur Seite. Sie bringen uns das ungeheuchelte Bekenntniß ab, daß nichts darüber hinausgehe und doch finden wir unermeßliche zwischen ihnen und den Forderungen unseres eigenen Lebens zurückbleibende Kluft. — — O des Wunders und der Umkehr! Vor hundert oder anderthalbhundert Jahren in seinem Schulstaub hätte kein classischer Philolog eine Erhebung deutscher Dichtkunst, wie sie von Goethe und Schiller bereitet ward, nur für möglich gehalten; heute in volles Recht eingesetzt, strahlt sie selbst auf Schöpfungen griechischen Alterthums zurück, denn was in seinen Anfängen ganz auseinanderstand, darf höher oben sich nah treten und kein Frost des Nordens drückt uns mehr."

An einer anderen Stelle, die von dem Eindrucke handelt, den das Nationalfest auf den nach Deutschland kommenden Fremden machen müsse, sagt er, mit Beziehung auf den Wahlspruch von Schillers Glocke: „Glocken brechen den Donner und verscheuchen das bange Unwetter. Ach könnte doch auch an hehren Festen alles fortgeläutet werden, was der Einheit unseres Volkes sich entgegenstemmt, deren es bedarf und die es begehrt!"

Es waren nur wenige Wochen nach dem Schillerfeste, als Jacob der schmerzlichste Verlust traf, den er seit dem Tode seiner Mutter erlebt hatte. Wilhelm war von einer Herbstreise, wie es anfangs schien, gekräftigt zurückgekehrt, begann aber dann bald zu kränkeln. Unerwartet nahm sein Leiden einen so ernsten Charakter an, daß er ihm am Morgen des 16. December 1859 erlag. Noch in seinem Bette hatte er eine neue Auflage der Märchen mit Freude betrachtet und einzelne Exemplare zu Geschenken an Freunde bestimmt *). Am Morgen des 20. December wurde er begraben auf dem neuen Matthäi-Kirchhofe.

In dem schönen Nekrologe, den die Sohnesliebe Herman Grimms dem heimgegangenen Vater schrieb **), heißt es von Wilhelm: „Was wir in ihm vermissen und sehnsüchtig betrauern, ist nicht der Mann, der mit unermüdlicher Arbeitskraft das Seinige that zur Verherrlichung Deutschlands. Er that genug für sein Theil. Er zählte beinahe 74 Jahre und hatte ein Recht, sich zum Schlafe zu legen. Von Buch zu Buche schritt er vorwärts; kein Tag ging ungenutzt vorüber. Die Kindermärchen, die dänischen Lieder, die deutsche Heldensage, die Ausgaben alter Gedichte, endlich sein Antheil am großen deutschen Wörterbuche — alle bilden die Blätter eines Kranzes, der ihm voll genug die Schläfen deckt. — — Solche Männer lobt man nicht, man nennt sie. Keine Silbe rühmenden Lobes wurde an seinem Sarge gesprochen. Der stand da, dicht an seinem Arbeitstische. Die aufgeschlagenen Bücher noch darauf, als hätte er eben hineingeblickt. Das Tintenfaß, die Feder, die kleinen Zettel, auf denen er allerlei bemerkte. Die Bilder hingen an den Wänden, jedes ein Andenken theurer Menschen und Erlebnisse, als sei es unmöglich, daß er sie nicht mehr betrachtete." Von ihnen hatte er wenige Jahre vorher in Anna von Arnswaldts Geburtstagsbuch geschrieben ***):

---

*) H. Grimm, Fünfzehn Essays. 3. Folge. S. 289 ff.
**) a. a. O.
***) Freundesbriefe. S. 252.

„Er hebt ein einsam Lämpchen zu den Wänden hinan
Und sieht die Bilder der Jugend mit stiller Bewegung an."

Man las damals in den Zeitungen rührende Schilderungen der Verzweiflung Jacobs nach dem Tode Wilhelms. Nichts davon ist wahr, wie Herman Grimm erzählt *). Vormals hatte die Befürchtung, Wilhelm könne vor ihm sterben, ihn in die höchste Aufregung versetzt. Nun aber nahm er den harten Schlag mit der Ruhe eines Mannes auf, der sich bewußt ist, daß auch er bald der Erde entrückt sein wird. Fünf Wochen nach Wilhelms Tode hielt er in der Akademie am Geburtstage Friedrichs des Großen seine berühmte Rede über das Alter **) und am 5. Juli 1860 die Gedächtnißrede auf seinen Bruder, worin er Zeugniß ablegte von dem, was beide zusammen erlebt, erstrebt und geleistet hatten. Er begründete darin unter anderem den Satz, daß sich Brüder besser verstehen als Vater und Sohn, einen Satz, dessen Richtigkeit aber immerhin zur Voraussetzung die Gleichheit oder Aehnlichkeit der geistigen Ausbildung hat und insofern nicht für alle Fälle zutreffend sein möchte. Uns aber interessirt sein Gedankengang, weil er zur Erklärung seines innigen Verhältnisses zu Wilhelm dienen soll. Jacob sagt: „Der Sohn hat seines Vaters Kindheit und Jugend nie gesehen, der nicht mehr seinen Sohn als reifen Mann und Greis erlebt. Eltern und Kinder sind sich also nicht volle Zeitgenossen, aber Geschwister, wenn ihr Lebensfaden nicht zu früh abgeschnitten wurde, haben zusammen als Kinder gespielt, gehandelt als Männer und nebeneinander gesessen bis ins Alter. Niemand weiß folglich besseren Bescheid zu

---

*) Fünfzehn Essays. Dritte Folge. S. 293 f.
**) Auch in der „Auswahl" S. 150 ff.

geben als vom Bruder der Bruder, und diesem natürlichen Verhalt hinzu tritt noch ein sittlicher. Der Vater, vom Sohne redend, wird sich seiner Gewalt über ihn stets bewußt bleiben, der Sohn, Zeugniß vom Vater ablegend, der gewohnten Ehrfurcht nie vergessen. Geschwister aber stehen untereinander, ihrer wechselseitigen Liebe zum Trotz, frei und unabhängig, so daß ihr Urtheil kein Blatt vor den Mund nimmt.

In den langsam schleichenden Schuljahren nahm uns ein Bett und ein Stübchen auf, da saßen wir an einem und demselben Tisch arbeitend, hernach in der Studenten= zeit standen zwei Betten und zwei Tische in derselben Stube, im späteren Leben noch immer zwei Arbeitstische in dem nämlichen Zimmer, endlich bis zuletzt in zwei Zimmern nebeneinander, immer unter einem Dach in gänzlicher un= angefochten und ungestört beibehaltener Gemeinschaft unserer Habe und Bücher, mit Ausnahme weniger, die jedem gleich zur Hand liegen mußten und darum doppelt gekauft wurden. Auch unsere letzten Betten, hat es allen Anschein, werden wieder dicht nebeneinander gemacht sein."

Im Frühling 1863 starb auch sein Bruder Ludwig, der Maler und Professor an der Akademie zu Kassel. Mit den Worten: „Nun bin ich nur noch ganz allein da" nahm Jacob die Todesnachricht auf *). Aber von dem Gefühl, daß nun bald auch an ihn die Reihe kommen würde, schien er nichts wissen zu wollen. Denn er hatte noch viel vor zu arbeiten, wie er sagte. Er schrieb am Wörterbuche weiter, „zu den Märchen sollte eine Einleitung kommen, ein vierter Band der Weisthümer, von denen drei Bände erschienen waren, gedruckt und mit weit ausgreifender Vor=

---

*) H. Grimm a. a. O. S. 303 f.

rede verſehen werden." Auch ein Buch über deutſche Sitten und Gebräuche lag in ſeiner Abſicht.

Gern verſenkte ſich ſeine liebreiche Natur in die Erinnerungen an die vergangenen Tage ſeines Lebens; ſelbſt das kleinſte Andenken war ihm werth, wenn es ihm eine frohe Stunde zurückrufen konnte. Das Handexemplar ſeiner deutſchen Grammatik behandelte er, wie ihr neueſter Herausgeber, ſein Schüler Wilhelm Scherer, erzählt*), wie ein Archiv perſönlicher Erinnerungen. „Zahlloſe Blumen, Blätter, Bänder, Kränze, Federn lagen darin. Ein Paar Bilder ohne beſonderen Kunſtwerth hatte er ſich ausgeſchnitten und aufbewahrt, weil das Motiv ihm wohlgefiel: eine Mutter, die ihr Kind aus der Wiege genommen hat und liebkoſt; ein Bauer, der am Waldesausgang eine ſchwere Wagenlaſt vorwärts treibt mit der Ausſicht auf die ferne Stadt, ſein vermuthliches Ziel. Im erſten Band war der aus Roſapapier ausgeſchnittene Umriß einer kleinen im Kinderröckchen gehenden Geſtalt eingeklebt mit beigeſchriebenen Daten, das erſte 19. October 1822 und von 1854 an alljährlich bis zum 9. Juni 1863. Welche wehmüthigen oder freundlichen Erinnerungen mochten ſich für den Greis an dieſe unſcheinbaren Kleinode knüpfen."

Beide Brüder liebten Blumen beſonders und pflegten die, welche ſie am Fenſter ſtehen hatten, mit Sorgfalt. Auch auf dem Arbeitstiſch, der auch mit manchen anderen Andenken verſehen war, hatte Jacob gern einige Blumen in einem Glaſe ſtehen**). Er und Wilhelm fühlten ſich der Natur verwandt und zu ihr hingezogen. Nehmen doch ſo viele der herrlichſten

---

*) Vorrede zur zweiten Auflage der zweiten Bearbeitung des erſten Bandes S. XXIV f.
**) H. Grimm a. a. O. S. 302.

Stellen in den Schriften beider ihre wahrhaft dichterischen Vergleiche aus dem Leben der Pflanzen, aus dem Rauschen des Windes im Walde und dem Murmeln der Quelle, mit einem Worte: aus dem Walten Gottes in der Schöpfung.

Jacob hätte vielleicht noch einige Jahre länger gelebt, wenn er nicht so unaufhörlich geistig thätig gewesen wäre, so daß ihn Schwägerin und Nichte, Wilhelms Tochter Auguste, mitunter unter allerlei Vorwänden von seinem Schreibtische fortlocken mußten. Nach seinem Tode fand sich in seiner Brieftasche ein kleiner Zettel, auf den er am 3. Juni 1862 geschrieben hatte: „Wie schön sind die langen Sommertage, worauf sich Vögel und Menschen freuen. Sie gemahnen an die Jugendzeit, in der die Stunden Licht einfangen und langsam verfließen; was davon noch übrig war, wird vom Dunkel des Winters und Alters schnell geschluckt. Nun bin ich bald 78, und wenn ich schlaflos im Bette liege und wache, tröstet mich die liebe Helle und flößt mir Gedanken ein und Erinnerungen *). Noch im Herbste 1862 wohnte er zu München einer Plenarversammlung der historischen Commission bei der bayerischen Akademie der Wissenschaften bei, die 1858 von dem hochsinnigen Könige Max II. gestiftet worden war, den einst Dahlmann zu Göttingen für das Studium der Geschichte begeistert hatte **). Jacob legte für die Aufgaben dieser Commission einen außerordentlichen Eifer an den Tag. So brachte er den vierten Band der Weisthümer im Drucke nahezu beendigt nach München mit, betrieb eine Sammlung der historischen Stücke in den mittelhochdeutschen Dichtungen, die nach seinem

---
*) a. a. O. S. 303.
**) Ueber die Beziehungen des Königs während seiner Göttinger Studienzeit zu Dahlmann s. Springer, Dahlmann I, 268 f.

Tode nicht zur Ausführung gelangte, und war zugleich für die Herausgabe der Rechtssprichwörter und historischen Volkslieder thätig *).

Es war sein letztes Erscheinen in einem auswärtigen wissenschaftlichen Kreise. Im Herbste 1863 befiel ihn eine Leberentzündung, die schon vorübergegangen schien, als ein Schlaganfall seine rechte Seite lähmte und ihm die Sprache raubte **). Noch erkannte er die Seinigen, welche sein Krankenlager umstanden, und schien sie zu verstehen; ihm selbst war es nicht mehr möglich, ihnen das letzte Lebewohl zu sagen. Schon glaubte man, sein Auge sei für immer geschlossen, da ergriff er mit dem linken Arme, der noch Bewegungsfähigkeit hatte, eine neben seinem Bette liegende Photographie seines Bruders Wilhelm, führte sie mit der Hand, wie er sonst zu thun pflegte, dicht vor die Augen, betrachtete sie aufmerksam und legte sie dann auf die Decke des Bettes. Er wollte wohl andeuten, daß er bald mit ihm, mit dem er durch so treue Liebe verbunden gewesen war, wieder vereinigt sein werde. Am Abend des 20. September 1863 that Jacob Grimm den letzten Athemzug. Sein letztes Bett wurde ihm, wie er vorausgesagt hatte, neben seinem Bruder auf dem Matthäi=Kirchhofe bereitet.

An Zeichen der Liebe und Anerkennung hat es dem Brüderpaare, nachdem die ersten Kämpfe überwunden waren, nicht gefehlt. Es wird sicherlich der Tag kommen, an dem sich die Standbilder Jacob und Wilhelm Grimms in Berlin, jetzt unserer Reichshauptstadt, erheben, der Stadt, in der sie die letzte und sorgenfreieste Periode ihres Lebens

---

*) W. von Giesebrecht in der Denkschrift „Die historische Commission. 1858—1883." München 1883. S. 36.
**) H. Grimm a. a. O. S. 305.

zubrachten, in der sie die Höhe ihres Schaffens erklommen und wo sie ihre irdische Laufbahn beschlossen. Bis dahin wird wohl schon im Hessenlande ein ihrer würdiges Denkmal aufgerichtet sein, das in Hanau, ihrer Vaterstadt, seine Stelle finden soll und für das sich jetzt überall, so weit die deutsche Zunge klingt, patriotische Herzen und Hände regen. Aber dauernder als Stein und Erz muß in unserem ganzen Volke die Erinnerung daran fortleben, was diese schlichten Gelehrten ihm waren. Klingt schon dem Kinde, das zuerst von dem Zauber der Märchenwelt ergriffen wird, ihr Name gleich dem von lieben Freunden und Wohlthätern der Jugend ans Ohr, wie viel mehr den Erwachsenen, die erkannt haben, welche Dankbarkeit wir Deutsche ihnen schulden. Allen ihren Arbeiten lag eine heiße innige Liebe zu ihrem Volke zu Grunde. „Weil ich lernte", sagt Jacob Grimm, „daß seine Sprache, sein Recht und sein Alterthum viel zu niedrig gestellt waren, wollte ich das Vaterland erheben." Dem Boden des Vaterlandes entnahmen die Brüder Grimm ihre Kraft, die edlen Vorbilder aus seiner Geschichte stählten sie zu Wort und That. An der Wiedererweckung deutschen Geistes und deutscher Ehre, die sich seit dem Beginn unseres Jahrhunderts vollzog, haben sie ihren vollen und glänzenden Antheil.

Die Biederkeit und Treuherzigkeit, die nie verhehlte Feindschaft gegen alles Schlechte und Unreine, die Freiheit von allem Dünkel, das wahrhaft kindliche Wesen in Empfinden und Wollen, alle diese edlen und liebenswürdigen Züge, die den Brüdern von Jugend auf eigen waren, verließen sie auch nicht bis in ihr hohes Alter. Ihr Beispiel zeigt, wie der Mann zu höchster Achtung im Reiche der Wissenschaft und bei den Großen dieser Erde gelangen kann, ohne dabei die einfachen und bescheidenen Verhältnisse zu vergessen, aus denen er hervorgegangen ist.

Die Liebe zu unserer Nation, sie war es, die den Grundzug ihres Wesens bildete. Sie war es, die sie befähigte, nichts von den Lebensäußerungen des deutschen Volksgeistes klein und gering zu achten, sondern nach seinem Werthe zu erkennen und an das Licht zu ziehen. Wenn es zu bedeutenden wissenschaftlichen Schöpfungen erforderlich ist, daß zwischen dem Stoffe und dem Forscher eine Art von geistiger Verwandtschaft bestehe, so war dies bei den Brüdern Grimm im höchsten Grade der Fall. Mit Stolz darf Hanau's Bürger, darf der Hesse sagen: es war hessische Erde, auf der sie geboren wurden. Aus der nie verleugneten Anhänglichkeit an die engere Heimath trotz ihrer Mängel und Schwächen entsprang jene selbstlose Hingabe an unser großes und herrliches Vaterland, deren unser Volk bis in die fernsten Zeiten stets in Treue gedenkt, so lange aus deutschem Munde genannt werden die Namen der Brüder Jacob und Wilhelm Grimm.